Jacques Saussey

PRINCIPES MORTELS

Bragelonne

Ouvrage paru sous la direction de Lilas Seewald

ISBN : 979-10-281-0295-1

Bragelonne
60-62, rue d'Hauteville – 75010 Paris

E-mail : info@bragelonne.fr
Site Internet : www.bragelonne.fr

Elles ont aimé *Principes mortels*

« Un décor champêtre, une ferme bucolique, un drame familial qui a laissé un foyer brisé et un engrenage infernal qui se met en marche. Jacques Saussey nous emmène à la campagne pour mieux nous montrer le chemin des enfers. Et nous, lecteurs captivés, nous l'y suivons avec enthousiasme. » **Claire Favan**

« Dans ce thriller haletant, Jacques Saussey décrit un monde idéal avant de le déchirer en petits morceaux entre les secrets et les mensonges d'une famille complètement tordue. Une fois que je l'ai eu commencé, je n'ai pas pu le refermer. » **Patricia MacDonald**

« Dans un récit d'une rare noirceur, Jacques Saussey offre une fine analyse de l'âme humaine, un huis clos étouffant où les découvertes sordides se multiplient jusqu'au dénouement… près de trente ans plus tard. L'écriture d'une grande justesse dépeint tout aussi bien l'ambiance néfaste d'une maison endeuillée que la quête d'un jeune homme qui cherche à comprendre un drame dont il ne se remet pas. Comme dans ses autres romans, l'auteur subjugue par l'élégance et la précision de son style. » **Chrystine Brouillet**

« Un excellent *one-shot*, différent des autres polars de Jacques Saussey. L'histoire m'a engloutie sans que je me rende compte que les pages filaient. J'ai juste une chose à dire : lisez-le ! lisez-le ! lisez-le ! » **Loley**

« Une histoire machiavélique, un roman noir exceptionnel. » **Marilire**

Né en 1961, **Jacques Saussey** a commencé à écrire vers l'âge de vingt-sept ans. Passionné de moto et de grands espaces, sensible à la musicalité de la phrase, il aime la vitesse et la précision. Encouragé par plusieurs jurys de lecteurs, il écrit *Colère noire,* son premier roman, en 2008. Depuis 2010, un volume inédit de sa série de référence, les enquêtes de Daniel Magne et Lisa Heslin, au cœur d'un commissariat du Xe arrondissement parisien, paraît chaque année. Rompant avec ces personnages récurrents, *Principes mortels* évoque un drame familial en pleine campagne française.

Du même auteur,
aux éditions Bragelonne,
en grand format :

Romans
Principes mortels

Aux éditions Bragelonne,
au format numérique :

Nouvelles
L'Égorgeur

Du même auteur,
chez d'autres éditeurs :

Romans
Les enquêtes de
Daniel Magne et Lisa Heslin :
7-13
Ne prononcez jamais leurs noms
La Pieuvre
L'Enfant aux yeux d'émeraude
Quatre Racines blanches
De sinistre mémoire
Colère noire

Sens interdit
Le Loup peint

Nouvelles
Anicroches

Bande dessinée
Le Joyau du Pacifique

C'est trop facile quand un amour se meurt
Qu'il craque en deux parce qu'on l'a trop plié
D'aller pleurer comme les hommes pleurent
Comme si l'amour durait l'éternité

Tais-toi donc grand Jacques
Que connais-tu de l'amour
Des yeux bleus, des cheveux fous
Tu n'en connais rien du tout

Jacques Brel, *Grand Jacques*, 1954

À Pierrot

Prologue

Ferme de la Renardière, Armilliers-sur-Taurion,
13 juillet 2011, 14 heures

J'ai longtemps cru que je ne pourrais jamais raconter ce qui s'est réellement passé cette année-là, durant l'été 1979. Mais, aujourd'hui, je réalise qu'il est grand temps de le faire, histoire de laver ma mémoire avant de mourir. Car, je le sais, aussi certainement que la nuit succède à la lumière, je vais mourir. Quelques jours encore, quelques heures…

La décision m'appartient, à présent. J'ai dépassé le temps de l'apitoiement sur moi-même, le temps des remords et de la culpabilité, le temps de la colère. Aujourd'hui est venu celui du renoncement, ou plutôt celui de l'acceptation, ce qui revient en fait à peu près au même…

J'ai choisi d'écrire l'histoire de ces événements tragiques afin qu'il en reste une trace après ma mort. Pour que quelqu'un puisse comprendre ce qui me ronge depuis bientôt trente ans. Pour que toute cette merde ne disparaisse pas totalement dans l'oubli. Pour que tous les miens ne soient pas morts pour rien.

Vous, qui trouverez ce manuscrit, faites-en ce que votre conscience vous dictera. Après tout, cette histoire ne concerne que ma famille et je doute que cela puisse éveiller l'intérêt de quelqu'un d'autre que moi.

Sachez tout de même qu'il m'a fallu avaler la trahison jusqu'à la lie. Comme un poison insidieux, elle a infiltré toutes les cellules de mon corps avant de m'abandonner, épuisé, comme échoué sur un rivage aride d'où l'océan s'est retiré au loin, invisible entre la ligne d'horizon et le ciel.

Qu'y a-t-il de pire que la duplicité d'un être qui vous est cher ? Qu'y a-t-il de plus déstabilisant que la forfaiture d'une personne que l'on imagine au-dessus de tout soupçon juste parce qu'on l'aime ? Des semaines, des années durant, je me suis heurté à cette idée comme un papillon à une veilleuse, refusant de croire que cette lumière fascinante me brûlait les pattes alors que j'étais en train d'y carboniser mes ailes.

Je sais qu'il est trop tard pour revenir en arrière, pour influencer le cours des choses. Trop tard pour comprendre, pour réparer et pour éviter que le pire se produise.

Y a-t-il un bon âge pour mourir ?

On a tendance à penser qu'on part toujours trop tôt. En fait, il n'y a pas de vérité. On part quand le cercle se rompt, quand les fils qui nous relient au vivant se nécrosent et pourrissent, nous abandonnent à la pesanteur d'un corps vidé de son essence.

C'est tout.

Pas de loi céleste, pas de route tracée à l'avance, pas de malédiction non plus. On s'est juste retrouvé au mauvais endroit au mauvais moment, et le doigt du hasard a tracé sur notre front le signe fatal de la disgrâce, la marque de la mise au rebut, du recyclage à venir.

La vie s'arrête, tranchée par une balle, un couteau, ou dans une voiture pulvérisée contre un arbre, dissoute dans des organes qui se décomposent alors que l'on sourit encore, si proche de la mort que l'on en sentirait le souffle sur sa nuque si l'on y prêtait attention.

La mienne va prendre fin misérablement, à l'image de ma triste existence. Dire que j'ai choisi cette extrémité de mon plein gré serait exagéré, mais la mort me soulagera de la charge que le passé m'impose, prisonnier du piège mortel où mon esprit s'est enfoncé au mois de juillet 1979. Je ne la crains pas et j'attends la fin avec l'espoir de la délivrance.

Enfin, peut-être, trouverai-je alors le repos, si les fantômes qui me hantent ne viennent pas me chercher en hurlant au fond de mon éternité.

I

La Renardière, 3 juillet 1979, 16 heures

Je tourne la clé de contact et le moteur se tait enfin, libérant mes oreilles fatiguées du rugissement des quatre cylindres surmenés par la canicule. Au-dessus du pot d'échappement, l'air vibre en irradiant une chaleur épaisse jusque dans mes mollets. Devant moi, le portail se dresse, toujours imposant, malgré les points de rouille qui apparaissent le long des montants et autour des charnières. Au-delà, l'allée pavée de guingois qui mène à la porte de la ferme n'a pas changé. Elle est restée la même qu'il y a quatre ans. La seule différence avec la dernière fois que j'ai contemplé cette façade, c'est qu'aujourd'hui il n'y a pas de corbillard garé devant.

Un pied posé à plat de chaque côté de la moto, je retire mon casque et le pose sur mon rétroviseur. Malgré la touffeur de l'après-midi, le moteur refroidit déjà en cliquetant. Je glisse les doigts dans mes cheveux longs pour les décoller de mon crâne trempé de sueur. Dans mon cou, ils se sont un peu emmêlés à cause du vent, le long des quatre cent cinquante kilomètres que je viens de parcourir d'une traite.

On dirait bien que personne ne m'a entendu arriver. Aucune fenêtre ne s'ouvre, aucune porte ne claque. La maison paraît morte, écrasée par le soleil. La grange est ouverte. Quelques poules picorent des vers à l'ombre, entre les rigoles de purin asséchées. Un coq dégingandé les suit sans conviction, agitant mollement ses plumes. Je déplie la béquille latérale, bascule la Kawasaki et descends de selle en levant haut la cuisse pour que ma botte passe au-dessus de mes bagages.

J'ai hâte de pouvoir dégourdir mes jambes ankylosées par la route. Tandis que je fais quelques pas sur la chaussée pour évacuer les restes des vibrations que m'a transmises la machine pendant presque cinq heures, des aboiements furieux retentissent au fond de la cour, suivis par un bruit de cavalcade sur le gravier de l'allée desservant la remise. Un molosse haut comme trois pommes se jette sur la grille en manifestant bruyamment son intérêt pour l'intrus et son drôle de cheval. Son œil droit est entouré d'un coquard de poils sombres, le reste de son pelage est blanc comme la neige. Il ne mesure pas plus de trente centimètres au garrot.

— Salut, toi ! dis-je en me baissant pour lui laisser flairer le dos de ma main.

Le chien se tait et tend une truffe hésitante vers mes doigts qui sentent le cuir et l'essence. Il lève le nez et me regarde en plissant les paupières. Ses pupilles dorées renvoient la lumière du soleil. J'ai l'impression qu'il me cligne de l'œil. Il sort alors une petite langue rose et me lèche la paume en remuant la queue.

Je viens de me faire un premier copain en moins de cinq minutes…

Dans la palissade qui, je m'en souviens comme si je m'y étais rendu la veille, donne sur le potager, derrière le mur de la grange, une vieille porte s'ouvre en grinçant. Je vois d'abord le panier plein de linge franchir l'ouverture, suivi par un bras blanc qui ne peut appartenir qu'à une seule personne. Le visage pâle de ma tante apparaît. Elle s'immobilise en m'apercevant. Elle a un moment douloureux durant lequel j'ai le très net sentiment qu'elle refuse de voir ce qu'elle voit, qu'elle rejette la simple idée de croiser mon regard. Elle se frotte le front avec l'avant-bras, manquant de renverser le panier. Elle le rattrape de justesse, puis elle s'avance vers moi à pas lents, comme si une main invisible la poussait dans le dos.

Le chien est revenu vers elle et sautille entre ses jambes nues qui émergent de sa blouse, lui griffant la peau sans qu'elle y prête attention. Son regard d'un bleu intense ne quitte plus mon visage. Au fur et à mesure qu'elle approche, je m'aperçois qu'elle a les yeux humides. Ses cheveux blonds sont défaits par le travail de la journée, mais elle est toujours aussi belle. Peut-être plus qu'avant, encore, avec les quelques rides qui apparaissent au coin de ses lèvres. Peut-être aussi parce que j'ai maintenant dix-neuf ans et plus quinze.

Je lui souris.

— Bonjour, tatie !

Ma voix manque de force, je le sens bien. Mais j'ai réussi à briser la glace qui était en train de figer entre nous. Elle pose son panier sur la terre craquelée et s'essuie machinalement les doigts sur son tablier à fleurs. Je comprends qu'elle ne sait pas quoi faire de ses mains, qu'elle ne pourra pas ouvrir seule le portail. Elle ne m'a pas quitté du regard.

— Bonjour, Franck, me dit-elle enfin, la voix rauque.

Elle jette un regard sans vie à ma moto, puis ses yeux se reposent sur moi, comme si je la fascinais malgré elle. Je me décide à lever le loquet pour tirer le ventail vers moi. Plus rien ne nous sépare, désormais, que quelques centimètres chargés d'émotion. Je vois ses larmes arriver. Elle ne peut les retenir. Je fais deux pas en avant et la prends dans mes bras, laissant ses sanglots enfler contre ma poitrine.

— Je sais, dis-je doucement contre les cheveux fins qui couvrent son oreille. Je sais…

Oui. Je sais. Je lui ressemble *tellement*. Ma mère me l'a *tellement* répété.

— Tu lui ressembles tant… Mon Dieu, Franck…, dit-elle en gémissant dans mon cou.

Mais de sa part, cela ne m'énerve pas. Pas comme quand c'est ma mère qui me le rabâche. Sa douleur me fait mal, à moi aussi. Je ne l'ai pas revue depuis l'enterrement de Paul. Ce jour-là, elle était complètement assommée. Anesthésiée par les calmants que lui avait administrés le docteur Jouve, le médecin de la famille.

C'est dur de perdre un fils. Insoutenable. Mais lorsque son cousin lui ressemble comme un frère jumeau, c'est encore pire. Parce que le visage de l'enfant mort continue à vivre sur le corps d'un autre.

Et qu'il vieillit.

Je la serre dans mes bras et je ne dis plus rien. Il n'y a *rien* à ajouter. Nous savons tous les deux que c'est inutile. Sa peau sent le linge propre et l'herbe coupée.

Au bout d'un long moment, elle finit par se détacher de moi. Elle baisse les yeux, en s'excusant presque de s'être ainsi abandonnée au chagrin. Je lui souris de nouveau et je prends ses épaules dans mes mains. Elle repousse une mèche sur son oreille, essaie bravement de me rendre mon sourire. Je me penche sur elle et lui dépose un baiser sur le front.

Elle va pour parler, mais les mots se bloquent dans sa gorge. D'un geste avorté vers son cou elle me le fait comprendre.

— Je peux rentrer ma moto ? dis-je pour changer de sujet.

Son regard revient vers la Kawasaki qu'elle contemple comme un serpent dangereux endormi.

— Mets-la dans la grange, si tu veux, dit-elle avec effort. La moissonneuse va rester dehors jusqu'à la fin des récoltes.

Elle récupère son panier de linge et m'attend tandis que je gare mon engin. Le chien renifle consciencieusement la moto de long en large et finit par lever la patte sur la roue avant. Je décide de laisser mes sacs sanglés sur le porte-bagages pour le moment, je n'ai pas envie de débarquer tout ça maintenant. Je récupère juste un petit paquet dans la sacoche de réservoir. Curieux de tout, le chien se dresse sur les pattes arrière pour tenter de voir de quoi il s'agit. Je me baisse pour lui caresser le dos. Il s'allonge illico les pattes en l'air dans la poussière.

— Comment tu t'appelles, bonhomme ?

— Tom…, dit ma tante dans mon dos. Nous l'avions réservé dans un chenil pour les seize ans de Paul. C'est lui qui avait choisi son nom.

Je me retourne. Sa silhouette se découpe en contre-jour dans l'ouverture de la grange. Je ne vois pas son visage, mais je sais ce qu'il exprime.

— C'est la seule fois qu'il l'a vu, poursuit-elle d'une voix atone.

La langue de Tom me râpe le dos de la main. Il s'est redressé et pose ses pattes sur mes genoux, la gueule ouverte sur des petites dents pointues bien blanches.

— C'est un Jack Russel, ajoute-t-elle, coupant court à la question que j'allais lui poser. Paul voulait l'emmener à la chasse.

Je ne réponds pas. J'ignorais que Paul chassait. Je pensais pourtant être proche de lui, mais il ne m'en a jamais parlé. Nous ne nous voyions peut-être pas suffisamment pour cela.

— Tu veux boire quelque chose ? me demande-t-elle, ployée sous le poids du linge, tout en se dirigeant vers la porte de la cuisine, de l'autre côté de la cour.

Je la suis dans la lumière brûlante de juillet. Je lui prends son panier des bras et elle me remercie d'un vrai sourire, cette fois.

— Un grand verre d'eau fraîche, ce sera parfait, tatie.

Elle pose sa main tiède sur mon bras.

— Appelle-moi Hélène, plutôt. Tu veux bien ? Tu es un grand garçon, maintenant…

Je la regarde en silence. Le pire moment que je craignais est passé. Ses yeux ont perdu cette expression douloureuse qui les noyait depuis mon arrivée. Quatre années se sont écoulées et le temps a déjà commencé son travail de sape de la souffrance. Elle est toujours là, proche de la surface, mais l'existence a des exigences quotidiennes qui ont empêché ma tante de s'enfermer dans son deuil, aussi éprouvant qu'il puisse être. Elle a continué, malgré l'insupportable, à manger, à boire, à dormir. À vivre.

Elle passe devant moi et pousse la porte du pied tout en actionnant la poignée. Je me souviens qu'elle coinçait déjà sur le carrelage, le jour où la famille est venue pour la cérémonie, habillée tout en noir. Ma mère râlait, car elle était obligée de forcer avec l'épaule tandis qu'elle apportait des sandwichs aux hommes réunis dans la cuisine pour échapper à la pluie. Apparemment, mon oncle ne l'a jamais réparée. Le chien nous suit et va se coucher directement sur un vieux coussin posé sur un fauteuil défraîchi.

La pièce baigne dans la pénombre et la fraîcheur me surprend, après la fournaise de la cour. Les volets sont fermés, certainement depuis la fin de la matinée, et les murs épais suffisent à conserver une température agréable qui me fait soupirer d'aise. Hélène me fait signe de prendre une chaise et elle dépose le panier au bout de la longue table rectangulaire. Elle sort une bouteille d'eau du réfrigérateur. Un silence gêné est revenu s'installer entre nous. Je sais que je dois dire quelque chose pour l'empêcher de s'éterniser, mais mon esprit refuse de s'ouvrir à une idée intelligente. Je saisis le verre qu'elle me tend et la remercie du bout des lèvres.

Elle s'assied à son tour et pose son menton dans le creux de ses deux paumes réunies, les coudes plantés sur la table. Le coin de ses yeux s'est un peu affaissé. Elle a maigri, aussi. Elle n'était déjà pas bien en chair, mais aujourd'hui les os de ses épaules saillent sous sa chemisette légère tendue par les bretelles de la blouse.

— Et chez toi, comment ça va ? me demande-t-elle soudain, brisant mon inertie.

Je fais la moue par-dessus mon verre. J'agite la main à l'horizontale comme une feuille de tremble qui oscille au vent.

— Pas terrible. Maman a pris un avocat…

Hélène hoche la tête. Bien sûr. Il fallait s'y attendre…

— Et ton père ?

Je tourne la tête en serrant instinctivement les dents. Je préfère qu'elle ne voie pas ce qui va passer dans mon regard.

— Il picole, lâché-je entre mes mâchoires serrées.

Hélène me ressert un verre d'eau puis, se penchant vers moi, elle pose une main devenue fraîche sur mon poignet.

— Tu as bien fait de venir ici, Franck. Ta mère a eu raison de t'envoyer. Tu dois penser à ton avenir. C'est quand, ta prochaine session ?

— Septembre…

J'ai raté les épreuves du bac, en juin. Enfin, plus exactement, je n'ai pas pu les passer. Le matin de l'examen de philo, j'étais avec ma mère.

Aux urgences de l'hôpital Henri-Mondor, à Créteil.

J'ai dit qu'elle était tombée dans l'escalier de la cave. Le toubib m'a regardé d'un drôle d'air. Suspicieux. J'ai eu honte et j'ai baissé les yeux devant son regard accusateur, son regard qui voulait dire : « Ne me prends pas pour un con, mon garçon… »

Quand elle est sortie du coma, deux jours plus tard, elle a contacté un avocat et un commissaire de police, et elle a porté plainte contre mon père. Je n'ai rien pu faire pour l'en empêcher. Mais en avais-je vraiment envie, de toute manière ? Lorsque je l'avais trouvée évanouie dans la cuisine, le nez cassé et le visage en sang, mon père était en train de pleurer, le front posé sur le sol. Il tenait encore à la main la casserole avec laquelle il venait de la frapper.

Je me souviens de m'être jeté sur lui et de l'avoir cogné dans les côtes avec mes bottes de moto pour qu'il s'éloigne d'elle, pour qu'il ne puisse plus la toucher.

De toutes mes forces.

Je ne voyais plus qu'un voile rouge de haine et de fureur qui m'entourait de toutes parts, comme si j'avais été immergé dans une baignoire remplie de sang. S'il n'avait pas hurlé, si l'une des amies de ma mère n'était pas arrivée sur le pas de la porte, complètement paniquée, je crois que je l'aurais tué de mes propres mains.

Les flics sont venus le chercher immédiatement après qu'elle a eu déposé sa plainte. Il n'a pas bronché. Il s'est laissé emmener la tête basse, menotté, devant le regard abasourdi des voisins qui se dissimulaient derrière leurs rideaux. Et moi, je me suis retrouvé seul, avec mon année de terminale que je n'avais plus qu'à balancer aux orties. Voire aux chiottes.

Le juge s'est saisi de l'affaire en un temps record, à peine trois jours plus tard. C'est lui qui a obtenu pour moi le report de mes examens en septembre, pour la session de rattrapage. La session de la dernière chance.

— Je t'ai préparé ta chambre, dit Hélène en se levant.

Elle sait que je ne tourne pas rond, depuis la mi-juillet. J'étais dans le salon, à la maison, quand ma mère a téléphoné à sa sœur pour lui demander si elle pouvait m'accueillir à la ferme pendant le temps des révisions, pour un mois et demi environ. Le temps qu'elle trouve un autre logement et qu'elle quitte définitivement le foyer qui s'effondrait. J'étais affalé devant la télévision, buvant une émission insipide, comme la veille, comme l'avant-veille et comme tous les jours précédents. Hélène a tout de suite accepté. Ma mère n'a même pas eu à insister. Tous ces mois où elles s'étaient vues hors de ma présence, la ressemblance entre Paul et moi étant trop frappante, ont été oubliés d'un coup. Hélène a donné son accord parce que Paul aurait pu être à ma place et qu'elles se sont toujours soutenues, malgré leurs caractères aux antipodes l'un de l'autre.

— Je t'ai mis les draps que tu aimes, continue-t-elle en grimpant les marches vers le premier étage. Les lourds, avec la broderie…

Je souris en la suivant. Des images me reviennent, heureuses. Vivantes.

Paul est allongé à côté de moi. Nous lisons ensemble un livre épais, à la couverture décolorée par les années. *Les Aventures d'un écolier parisien*. Le livre est posé sur mon oreiller et les draps rêches me râpent les coudes. Paul me fait signe qu'il a fini la page. Je l'attends souvent pour passer à la suivante. Il lit toujours un peu plus lentement que moi. Il prend plus de temps pour regarder les dessins, qui parlent d'une époque qui n'existe déjà plus depuis des années, avec des ailes de voitures arrondies, des hommes en béret et en pantalon de golf.

Dans l'air tiède du mois d'août, des mouches volent paresseusement et se posent parfois sur les papiers collants que ma tante a accrochés dans les angles de la chambre pour que je dorme tranquillement. L'été, la ferme attire un nombre incalculable d'insectes. Une odeur de purin flotte en permanence dans la maison, mais j'ai appris depuis longtemps à l'aimer. C'est l'odeur des vacances, l'odeur des œufs que je file chercher le soir directement sous le cul des poules, arrachant chaque fois un sourire à mon oncle Victor et à Albert, son employé. C'est l'odeur de la liberté de courir dans les bois avec Paul, lorsque nous revenons de guider les vaches jusqu'au pré de la Combe. Nous nous y égratignions souvent les genoux, trop pressés de franchir les rochers qui descendent de la route au lac, là où nous allions nous baigner presque tous les après-midi.

Là où Paul est mort.

Hélène pousse la porte de la chambre et m'invite à la suivre. Le lit est accolé à une petite table installée pour l'occasion, éclairée par une lampe de bureau toute neuve.

— Tu auras assez de place, ici ?

Je la prends dans mes bras, la gorge nouée.

— C'est parfait, tatie, merci.

Elle m'embrasse sur la joue, puis se force à froncer les sourcils.

— Hé-lè-ne ! dit-elle en riant.

Je lève les mains en signe d'impuissance.

— Ça va être dur… *Hélène.*

Elle me donne une petite tape sur le bras.

— Tu y arriveras ! Je te laisse monter tes affaires. Je vais ranger le linge. Victor est en train de faire la sieste, Albert est encore aux champs. Il ne va pas rentrer tôt ce soir. Tu as tout le temps de t'installer. Tu as une serviette et un gant dans le tiroir de la commode, là. Je pense que tu dois avoir besoin d'une bonne douche, avec cette chaleur…

Quelque chose m'étonne. Mon oncle fait la sieste. En plein mois de juillet…

— Tonton… heu, Victor n'est pas avec lui ?

Hélène hausse les épaules.

— Non, il a des maux de tête terribles, depuis quelques jours. Il a toujours mal supporté la canicule, mais cette année, c'est pire que jamais. Hier, il n'a pas pu mettre le nez dehors. Je ne te dis pas dans quel état d'énervement ça le plonge. Il n'est pas toujours facile, lui non plus.

Elle lève brusquement le menton, trop tard. Elle a commis une gaffe et ne peut plus rattraper ses paroles. Je désamorce.

— Aucune importance. Tu as raison. Mon père est une ordure, mais Victor n'a rien à y voir. On ne choisit pas sa maladie.

Je l'embrasse de nouveau et la laisse filer avec un sourire un peu figé. Je me retrouve seul dans cette chambre, avec des morceaux effilochés de mon enfance restés suspendus aux meubles, comme les mouches sur les rouleaux gluants.

Dans la petite bibliothèque qui sépare la porte du lit, la tranche pâlie du volume des *Aventures d'un écolier parisien* dépasse des autres livres. Je résiste à l'envie de l'ouvrir.

En fermant les yeux, rien qu'un instant, je pourrais m'imaginer revenu quatre ans en arrière, je pourrais *croire* que rien n'a changé. Que le tumulte des deux adolescents retentira entre les murs du couloir quand Hélène criera vers l'étage que le goûter est prêt. Que nous ferons encore la course à vélo jusqu'au village pour avoir le privilège de rapporter le tabac à pipe de Victor et le « petit gris » d'Albert, qu'il roule inlassablement en mégots maigres et odorants.

C'était la lutte, toujours, au coude à coude, sans fin. Même notre premier amour, nous nous le sommes disputé. Âprement, mais dans les règles.

C'est Paul qui a gagné.

J'ai parfois un peu de mal à évoquer le visage d'Isabelle. Lorsque j'ai compris que c'était lui qui avait réussi à la conquérir, je m'en suis complètement désintéressé. Je crois même, avec le recul, que la compétition avec mon cousin m'attirait plus qu'elle. C'est d'ailleurs peut-être en partie ce qui explique qu'elle ne m'a pas choisi. Elle a dû s'imaginer que j'étais trop superficiel. Trop immature.

Isabelle avait un an de plus que nous. Paul louchait sur ses seins quand elle passait avec sa mère entre les étals, alors que nous aidions Albert à vendre des boîtes d'œufs sur la place du marché d'Aubusson. Elle le savait et ses tee-shirts amples laissaient entrevoir qu'elle ne portait pas de soutien-gorge en dessous. Comme si ça ne suffisait pas, je suis sûr qu'elle se débrouillait pour faire pointer ses tétons. À quoi pensait-elle, à ces moments-là ? Je préfère ne pas le savoir.

Moi, je regardais Paul, et je me disais qu'elle nous prenait pour des abrutis, trop crétins pour se rendre compte qu'elle jouait avec nous, qu'elle affûtait ses armes. Mais je marchais dans les pas de mon cousin, juste pour lui prouver que j'étais meilleur que lui. Je crois qu'il aimait vraiment cette fille. Comme quand on a quinze ans, qu'on découvre tout, et que le monde nous appartient.

Comme quand on ignore qu'il ne nous reste qu'un peu moins d'un mois à vivre.

2

3 juillet 1979, 17 heures

Douché, récuré, ayant troqué mon jean et mon cuir contre un short ample et un tee-shirt sans manches, je redescends dans la cuisine où flotte une odeur de nourriture qui mijote. Il est encore tôt, mais j'ai l'impression que ma tante a mis les petits plats dans les grands.

Comme pour le retour du fils prodigue…

Elle est sortie, le feu au ralenti sous ses gamelles. Le chien a dû la suivre, car il n'est plus dans son panier. Sur les murs, quelques casseroles en cuivre sont accrochées par la queue, entre un bouquet de fleurs des champs séchées et un pot en terre d'où débordent des cuillers en bois. Une panière en osier tressé contient les œufs du jour. Une bouteille de vin rouge est poussée contre le frigo, près de la huche à pain.

Depuis mon arrivée, je sens Paul à côté de moi à chacun de mes pas dans la maison. Ici, près de la table, je le revois, la tête penchée sur son assiette, tandis que Victor le réprimande sèchement à propos des écuries et de l'étable. « La litière des chevaux n'a pas été changée depuis lundi. Il faut penser à autre chose qu'à jouer, de temps en temps, Paul ! Es-tu allé traire les vaches, ce soir ? Alors qu'est-ce que tu attends ? » Victor a le mot acide, quand il veut. Paul ne répliquait jamais. Je me rappelle qu'il s'était levé, simplement, sans regarder son père, puis qu'il était parti sans un mot.

Je m'apprête à sortir pour rejoindre Hélène, lorsque j'entends du bruit dans l'escalier. Une porte a claqué, en haut, probablement refermée par un courant d'air. J'ai peut-être négligé de repousser celle de la salle de bains. Mais des pas traînants me parviennent aussitôt, accompagnés d'une toux grasse. La démarche est lourde, poussive. L'escalier grince sous le poids de celui que je devine être mon oncle. Quelques instants plus tard, il apparaît dans la cuisine en pantalon de survêtement, un tee-shirt froissé recouvrant son torse bedonnant. Contrairement à Hélène, j'ai l'impression qu'il a pris au moins dix kilos.

— Ah… Franck ! dit-il en clignant des yeux. Ça fait longtemps que tu n'es pas venu voir tes poules !

Il me serre les phalanges à les broyer. J'avais oublié qu'il a cette force naturelle des gens de la terre. Il me donne une bourrade dans l'épaule, puis me plaque contre son ventre d'un geste brusque plein d'affection.

— Bienvenue, fiston.

Je sais qu'il n'a pas mis de sens filial dans ce mot. Il m'a toujours appelé comme ça. *Fiston*… Curieusement, il ne s'est jamais adressé à Paul de cette façon. Il me fait grâce de nouveaux commentaires sur notre ressemblance, ce qui me soulage. Je n'ai pas envie d'entendre ça pendant quarante-cinq jours.

— Tu as fait bonne route ?

Question classique quand on ne sait pas quoi dire quand des membres de la même famille se retrouvent après des années d'absence, séparés comme des mondes étrangers qui font semblant de s'être côtoyés par la pensée.

— Un peu long pour sortir de Paris, mais avec la moto ça passe mieux.

Il hoche la tête, comme si les embouteillages parisiens l'interpellaient profondément. Sa réponse me prend à froid.

— La moto, oui…

Je me mords les lèvres. Comment ai-je pu ne pas penser qu'il réagirait à ce mot ? Je fais un geste pour corriger ce que je viens de dire, mais Victor me devance.

— C'est quoi, comme bécane ? Quelle cylindrée ? Tu me la montres ?

Ses yeux verts me sourient. L'incident est clos. Nous ne reviendrons pas sur ce sujet, qu'il préfère manifestement ne pas aborder. J'entre dans son jeu.

— C'est un 600 Kawasaki. Une routière. Quatre cylindres. Tatie m'a demandé de la garer dans la grange.

Victor acquiesce, appréciateur. Il a été motard, dans le temps. J'ai dû voir une vieille photo de lui sur une Terrot 250, un jour.

Mon oncle ouvre la porte et recule, les sourcils froncés. Il se frotte le front de ses doigts puissants.

— J'irai un peu plus tard. Cette satanée lumière me fait un mal de chien.

Ne sachant pas quelle attitude adopter, je m'assieds à table et me ressers un verre d'eau. Victor se penche avec difficulté et ouvre la porte d'un réduit, sous l'évier, d'où il exhume une énorme bouteille de Ricard.

Il la pose près de moi. Je secoue la tête.

— Non, merci, tonton. Je ne bois jamais d'alcool.

Victor a un sourire d'excuse.

— Oui, bien sûr… Désolé, fiston. Comment va ta mère ?

Il évacue l'alcoolisme de mon père comme Hélène l'a fait un peu plus tôt. Cela fait partie des choses qui resteront sous la cendre, comme l'accident de Paul. Nous allons nier la situation pendant six semaines, de façon à pouvoir discuter de tout et de rien sans nous pencher sur la réalité brute qui nous plante ses griffes dans la peau.

— Mieux, je suppose. Papa est toujours en détention provisoire. Il ne sera pas relâché avant le procès, début octobre. D'ici là, maman aura trouvé un autre logement.

Victor hoche la tête en silence. Difficile d'ajouter quoi que ce soit, j'en suis conscient. À moi de relancer la conversation.

— Merci de m'accueillir pour mes révisions, tonton. Ça me retire une belle épine du pied.

— C'est tout naturel, Franck. Si nous pouvons te servir à quelque chose, c'est avec plaisir.

Il se sert un pastis et trinque avec mon verre d'eau sur la table.

— À ta réussite, mon garçon !

J'attrape mon verre et heurte le sien en retour avec le plus de conviction possible.

— À ta santé, mon oncle !

Victor me regarde fixement, puis il sourit dans le vague, comme si une idée venait de lui traverser l'esprit avant de s'évanouir sans qu'il ait eu le temps de l'attraper.

— Puisses-tu avoir raison, fiston…

Son ton éveille en moi une ombre de malaise.

— Il y a longtemps que tu as des maux de tête, comme ça ?

— Deux ou trois semaines. Peut-être quatre… je ne sais plus. Je n'y ai pas fait vraiment attention, au début. Ça a commencé vers la mi-juin. Il faisait une chaleur comme aujourd'hui, à ne pas mettre une vache dehors. J'ai pensé que c'était à cause de la sécheresse, de la violence du soleil. Parce qu'ici, quand ça cogne… ça cogne, crois-moi !

Il avale une gorgée de Ricard, les yeux mi-clos.

— Et puis, c'est revenu. Et ça continue de temps en temps. J'ai un peu de répit pendant quatre ou cinq jours, et puis ça recommence.

— Tu as passé des examens ?

Victor sourit devant ma sollicitude.

— Tu parles comme ta tante et le vieux Jouve ! À croire que vous avez formé une coalition, tous les trois…

— C'est peut-être sérieux, insisté-je. Tu devrais voir un médecin.

— Bah… Ce n'est pas une migraine qui va m'empêcher de vivre, quand même !

Il balaie l'air devant son visage comme pour chasser une mouche.

— Il n'y avait pas tous ces toubibs, pendant la guerre, tu sais… Et on s'en sortait bien tout seul. Quand je suis malade, je me mets à l'ombre et je me repose. Il n'y a rien d'autre à faire. Ta tante insiste pour que je prenne des cachets, alors je lui fais plaisir et je me couche. Après, ça va mieux, en général.

Je ne trouve rien à répondre. Effectivement, il a l'air d'aller déjà mieux. Discuter un peu lui a fait du bien.

— J'ai entendu la douche, tout à l'heure, ajoute-t-il. Tu as tout ce qu'il te faut ?

— Oui, j'ai monté mes affaires. Je me disais que j'allais peut-être sortir marcher un peu, histoire de m'aérer les poumons.

— Bonne idée, va te balader. Je vais mettre le couvert. On dîne à 20 heures précises, tu te rappelles ?

Avec Paul, nous nous faisions régulièrement attraper par mon oncle. Nos échappées étaient parfois si longues qu'à notre retour, à la nuit, les assiettes étaient rangées et il nous fallait attendre le petit déjeuner pour avaler quelque chose.

— Oui, pas de problème. Je serai à l'heure.

Victor a un petit rire triste. Il regarde à travers la fenêtre, comme pour y capter une image du passé.

Paul ne sera plus jamais en retard.

— Je plaisante, fiston. Je plaisante…

J'ai emprunté le chemin qui s'enfonce dans le bois, juste derrière la grange. C'était l'un de nos préférés, parce qu'il mène au village. Il passe par des endroits magnifiques, tout en mousse et en ruisseaux, avec des étendues de hautes fougères odorantes que l'on doit écarter des bras pour s'enfoncer plus loin encore. Au fur et à mesure des années, nos passages successifs, à pied ou à vélo, avaient dessiné une piste sinueuse que nous partagions avec les chevreuils et les renards – les sangliers préfèrent les zones de ronces, nous les croisions rarement. Je garde de cette période un attachement viscéral à mon couteau pliant. Paul se moquait de moi, mais je ne me suis jamais vraiment senti à l'aise dans les bois sans une lame.

Mes indécrottables racines citadines, sans doute, qui me font voir la campagne à travers un prisme coloré et inexact. Aujourd'hui encore, j'ai un Laguiole dans la poche de mon short. Pour affronter quoi ? Je ne me posais pas la question, à l'époque, et je l'évite maintenant. Ça me rassure, c'est tout. Je ne cherche pas plus loin. Cela a peut-être aussi un rapport avec le rire de Paul…

Sous les branches denses des noisetiers, la température est beaucoup plus agréable. L'odeur de l'humus me monte au nez, exacerbée par celle du ruisseau qui court le long du chemin. Des fleurs poussent au-dessus de l'eau, où quelques ronds dévoilent brusquement par endroits la présence de ragondins, de poules d'eau et de poissons de surface qui vont se cacher sous les surplombs de la berge.

Quelques minutes plus tard, je parviens à la clairière. *Notre* clairière. C'est là que nous construisions nos cabanes. Suffisamment loin de la ferme pour ne pas voir arriver les adultes, suffisamment près pour pouvoir vite rentrer quand nos estomacs avides réclamaient leur dû.

En quatre ans, des baliveaux ont poussé au milieu de l'espace libre, entre les bouleaux et les chênes. Dans un triangle de charmes, la dernière que nous avions construite est encore accrochée à plus de trois mètres du sol. Je la regarde avec envie. Je me rappelle les clous gros comme mes doigts que j'ai enfoncés dans les troncs, à grands coups de marteau de charpentier. Nous avions passé tous les éléments de cette cabane à l'huile de vidange mélangée à du gasoil avant de les fixer, pour qu'ils durent longtemps. Pour qu'ils ne pourrissent pas. On disait en riant qu'elle nous survivrait.

Pour Paul, en tout cas, c'était vrai.

Je m'approche lentement, avec respect, comme si je risquais de réveiller un esprit endormi dans son antre. La corde a disparu, mais les moignons de branches sont en bon état. Je me hisse jusqu'au trou à travers le plancher déformé par l'humidité. Paul avait apporté un morceau de moquette. Pour étouffer le bruit, certainement. Je ne me souvenais pas de ce détail. Il a dû installer ça quand il s'est mis à la chasse, en 1974.

Le bâti est encore solidement fixé au tronc. Nous avions bien travaillé. Je m'assieds sur le bord, les jambes ballantes au-dessus du vide. Paul avait éclairci les branches d'un arbre, un peu plus loin, pour ouvrir la visibilité jusqu'à la route de la ferme. Une bien bonne idée, car la vue sur la vallée est superbe. Une petite R 5 rouge passe en direction de la Renardière. Mon oncle a de la visite.

Les oiseaux reviennent peu à peu autour de moi. Je les ai dérangés en arrivant, mais ils ont compris que je ne suis pas un prédateur. Ils m'engueulent pour la forme, parce que je suis chez eux, mais ils reprennent vite leurs poursuites dans les branches sans plus se soucier de ma présence.

Je laisse les souvenirs affluer, les uns après les autres, et je m'aperçois qu'ils sont de moins en moins douloureux.

Le fait d'être ici, dans ce lieu qui n'appartenait qu'à nous, me met en lien direct avec la mémoire de mon cousin et me décharge de mon chagrin, en tout cas de cette part que je n'ai jamais pu partager avec personne.

Mes yeux sont secs, et je me sens bien, apaisé. Ma mère a eu raison de m'envoyer ici, je le mesure maintenant. En dehors de mon foyer brisé et réduit à un numéro de dossier au tribunal de Créteil, c'est le seul endroit où j'ai été heureux.

C'est à présent le seul où je peux encore l'être, et trouver un semblant d'équilibre.

L'heure a tourné. La lumière faiblit sous les frondaisons. *Merde.* Je ne vais pas rater le dîner le premier soir, quand même !

Je descends de la cabane et reviens rapidement sur mes pas. À mes oreilles, les moustiques vrombissent en vols serrés. Je me hâte de rentrer en me claquant les jambes et les bras sous l'assaut.

J'arrive dans la cuisine à 21 heures passées, mais personne n'est à table. Un inconnu est assis à une extrémité, Hélène a repoussé les assiettes pour lui faire de la place. Il est en train de remplir une ordonnance. L'air angoissé de ma tante m'alerte.

— Qu'est-ce qui se passe ?

Elle lève sur moi un visage inquiet.

— Ton oncle a été pris de vomissements. Il se plaignait aussi d'étouffer. J'ai voulu appeler le docteur Jouve, mais Victor a poussé une telle crise de colère que j'ai fait venir le docteur Palmer. Je ne sais pas ce qu'il reproche à Jouve, depuis quelque temps, mais il ne veut plus qu'il mette les pieds ici. Le docteur Palmer est un nouveau médecin. Il est arrivé en ville l'année dernière. C'est Victor qui m'a demandé de l'appeler.

L'homme lève le nez un instant et nous nous dévisageons.

— Franck, mon neveu…, précise Hélène.

— Salut, Franck, dit Palmer avec un léger hochement de tête.

— 'jour.

La tête de ce toubib ne me plaît pas. Il est habillé comme un type de la ville qui veut se faire passer pour un type de la campagne. Des habits décontractés, mais neufs. Il est rasé de près et dégage une odeur d'eau de toilette de luxe. Il fait tache, ici. Même moi, je m'en rends compte. Hélène paraît complètement désemparée. Elle le regarde aligner les médicaments sur le papier en se tordant les doigts.

— Qu'est-ce qu'il a, docteur ?

Le médecin hausse les sourcils. Il plonge son regard clair dans les yeux de ma tante.

— Je ne sais pas exactement, madame Delerme. Je penche pour une intoxication alimentaire brutale, mais je n'en suis pas certain. Nous en saurons plus avec les examens que je lui ai prescrits. Votre mari a besoin d'évacuer ce qui l'a rendu malade et de se refaire une bonne flore intestinale. Le Parabenzoïde va l'aider à nettoyer son sang des toxines accumulées, et le Duriplan va lui éviter de nouvelles crises. Je vous ai rajouté du Doliprane pour ses migraines et ces flacons pour les prélèvements de selles et d'urine.

Le médecin se lève et referme sa sacoche. La visite est terminée.

— Je vous dois combien ? demande ma tante d'une petite voix en prenant son chéquier.

Palmer lui adresse un sourire charmeur qui m'agace. Il lui serre la main avec un peu trop de sollicitude.

— Nous verrons ça demain à mon cabinet, lorsque vous m'apporterez les prélèvements, d'accord ? Je fais travailler un jeune coursier qui les transportera immédiatement au labo.

— Bien… Merci, docteur. À demain matin.

— À demain. Je pense que votre mari ne fera pas d'autre crise ce soir. Mais si jamais cela se produisait, n'hésitez pas à m'appeler, même en pleine nuit. D'accord ?

Ça fait deux fois de suite qu'il dit « D'accord ? », comme lorsque l'on s'adresse à un gamin qui a du mal à comprendre. Pourquoi pas « OK ? », tant qu'il y est ?

Palmer se plante devant moi et me tend une main que je serre sans enthousiasme. Je ne m'étais pas aperçu qu'il était si grand. Il a un bref mouvement de tête pour écarter la mèche de cheveux raides qui lui tombe sur le front, puis il prend congé. Il a encore deux patients à visiter.

Je me retrouve seul avec Hélène, qui regarde l'ordonnance comme si elle allait la mordre.

— Ça lui est déjà arrivé ?

Elle secoue la tête lentement.

— Non. Je n'y comprends rien. Lui qui n'a pratiquement jamais été malade en vingt-cinq ans…

— Il fait peut-être une allergie à un truc ? J'ai entendu dire que parfois ça se déclare subitement.

Elle me dévisage, l'air égaré.

— Une allergie à quoi ? Nous mangeons les mêmes plats depuis des années…

J'écarte les bras.

— Je n'en sais rien. L'huile d'arachide… une céréale… du poisson… Ça peut être n'importe quoi. Au fait, tu veux que j'aille te chercher les médicaments ?

Elle hésite, gênée.

— Albert n'est pas encore rentré, insisté-je. Tu ne peux pas le laisser seul comme ça. Je n'en ai pas pour longtemps, avec la moto. Quelle est la pharmacie de garde ?

Elle hésite encore, mais s'incline devant l'évidence. Il est déjà 21 h 30. C'est plus simple comme ça. Pendant qu'elle appelle la gendarmerie pour obtenir l'adresse, je remonte dans la chambre enfiler un jean et mon cuir. Lorsque je redescends dans la cuisine, elle glisse d'autorité un billet de 200 francs dans la poche de ma veste, puis me tend l'ordonnance. Coup de chance, l'établissement de garde le plus proche est à Saint-Jérôme, à une dizaine de kilomètres à peine, juste après Valloise.

Je vais pour sortir lorsqu'elle m'agrippe le bras avec une force que je ne lui soupçonnais pas.

— Franck !

Elle a presque crié. Je m'immobilise, interdit.

— Fais attention…

Je hoche la tête. Pose ma main sur la sienne.

— Bien sûr, Hélène. Ne t'inquiète pas. Je ne serai pas long.

Je sors pour ne pas voir les larmes mouiller ses cils. Si ça se trouve, c'est la dernière phrase qu'elle a entendue de la bouche de Paul.

Ne t'inquiète pas. Je ne serai pas long.

Je sors la moto de la grange et j'enfile mon casque. Je ferme mon cuir pour éviter les insectes, puis je démarre doucement et traverse la cour au pas. Une fois la grille refermée, la visière relevée, je mets les gaz, histoire de sentir le vent sur mes joues. Je ne suis resté que quelques heures, et déjà je me sens happé par le passé. Il est partout autour de moi. Quoi que je fasse, je devrai y faire face pendant toute la durée de mon séjour. Cela dit, entre ces souvenirs sombres et ce qui m'attend chez moi, je préfère encore les souvenirs.

Dans le sous-bois, la lumière avait baissé, lorsque je rêvassais dans la cabane, mais sur la route il fait encore clair. Assez pour que je n'aie pas à rouler pleins phares. Le soleil se couche au-dessus des futaies, noyant le ciel de pourpre et de feu. Il va faire chaud demain…

La chaussée est déformée et je slalome entre les nids-de-poule qui émaillent le goudron. Cette route vicinale ne dessert que la ferme. Personne n'y passe jamais, sauf pour s'y rendre ou en repartir. La commune doit faire la sourde oreille pour rénover le bitume. Cette voie ne doit pas être le souci majeur du conseil municipal.

Malgré le drame qui s'y est produit il y a quatre ans.

Malgré *les* drames.

Parce que Paul n'est pas le seul à s'être tué ici, cette année-là.

3

13 juillet 2011, 17 heures

Je sus que j'allais arriver au virage bien avant de le voir. Les lieux étaient gravés dans ma mémoire comme dans le marbre. J'y étais revenu plusieurs fois, après l'accident de Paul, pour essayer de comprendre ce qui s'était réellement passé. Une fois avec mes parents, avec ma mère pendue au bras de mon père, qui essayait d'avoir l'air digne malgré ses gémissements ; une fois avec les copains de Valloise, qui s'étaient déplacés en groupe afin de se soutenir les uns les autres devant l'éboulis de rochers où avait péri leur ami. Puis une fois tout seul, parce que les deux précédentes m'avaient laissé un goût amer sur la langue.

C'est de celle-ci dont je me souviens le mieux. C'était la plus brutale. La plus froidement tangible. Mon cousin était mort. Je ne le reverrais plus. Plus jamais. Il avait raté un virage avec sa mobylette et était allé s'écraser la tête dix mètres plus bas sur les rochers. Point à la ligne. Pas d'issue à ce truc désespérément idiot et irréversible. Malgré la colère, malgré l'incompréhension, malgré la douleur, rien ne ferait revenir Paul. Telle était la réalité qui s'imposait sans fard, sans précaution, sans ombre. Crue comme le soleil de midi, qui épuise les yeux d'un éclat plat et brûlant, abrupte comme la chute qu'il avait faite avec son engin en manquant la courbe.

Je me souviens que j'étais venu à pied de la ferme, pendant que tout le monde était réuni au rez-de-chaussée en parlant à voix basse pour ne pas faire de nouveau hurler Hélène, que les sédatifs ne suffisaient pas à calmer. Je m'étais approché du vide, et j'avais longuement considéré cette butte de roches, où nous avions tellement ri de nos cavalcades et des risques que chacun prenait pour tenter d'impressionner l'autre. Comment aurions-nous pu savoir, à l'époque, que le destin se chargerait de me rendre ces images insoutenables ?

Aujourd'hui encore, alors que je compte les heures avant de commencer à vraiment souffrir dans ma chair, ce sentiment de néant absolu, qui m'a brusquement envahi à ce moment-là, est encore si présent en moi qu'il me corrode l'esprit comme si on l'avait aspergé d'acide. Lorsque j'ai pris conscience qu'une partie de ma vie s'était achevée avec la sienne, en contrebas de ce virage, j'ai senti la première morsure d'un manque qui ne s'est jamais comblé depuis.

Et pourtant j'ai essayé. Dieu sait, s'il existe, que j'ai essayé. J'ai goûté à des tas de saloperies que vous n'imaginez même pas. Dont vous n'avez même jamais entendu parler. Des trucs que j'ai achetés une fortune dans des endroits innommables, à des individus auxquels j'aurais vendu ma petite sœur, si j'en avais eu une, pour une dose.

Ce moment, où je me suis retrouvé seul avec la mort de Paul devant moi, bêtement fauché à la veille de ses seize ans par une erreur de trajectoire, a été l'un des plus violents que j'ai vécus de toute mon existence.

À part, peut-être…

Mais j'anticipe.

Chaque chose en son temps.

J'en étais où ?

Ah, oui. J'arrivais au virage, et je me suis mis à ralentir…

4

3 juillet 1979, 21 h 46

Je roule au pas. Dans ma poitrine, un pilon cogne de plus en plus fort, m'indiquant que tout mon corps sait précisément où je suis. J'y suis déjà passé plus tôt, en arrivant, mais j'ai l'impression d'avoir fermé les yeux à ce moment-là. Est-ce l'effet de la fatigue, ou bien un brusque trou noir dans lequel j'ai occulté ce que je ne voulais pas voir ? Je n'en sais rien, mais je ne peux plus avancer.

Je m'arrête. Bascule la béquille. Lève mon casque.

Le soleil a maintenant disparu dans la forêt. Des bruits d'insectes nocturnes s'élèvent, dans un crissement dense d'ailes et de mandibules. Je descends de la moto et m'approche du bord de la route à pas lents.

Rien n'a changé. Le lac est toujours aussi sauvage, avec ses pousses de joncs qui bordent les berges, ses oiseaux nichant sur l'île centrale, et ses nénuphars qui couvrent une partie des fonds situés sous les rochers, juste sous mes pieds.

Là où Paul est tombé.

On pense qu'il était déjà mort en arrivant dans l'eau. Ses poumons ne contenaient pas de liquide, comme nous l'a indiqué le médecin qui a examiné son cadavre. Pourquoi ont-ils fait une autopsie ? Je ne l'ai jamais su. C'étaient des discussions à voix basse, entre adultes, et je n'y étais pas convié. On se taisait même, lorsque j'approchais, à ces moments-là.

Un chemin longe le lac sur toute sa périphérie. Un petit sentier tracé par les animaux entre les herbes. Il est surtout bien net au pied de l'éboulis, là où il n'y a pas beaucoup de largeur pour passer.

Les médicaments…

Je recule lentement. Mon cœur s'est apaisé, même si je sens un frémissement de tout mon être qui me crie de m'en aller.

Ce soir, j'obéis. Mon oncle attend ses remèdes.

Les rues de Valloise sont complètement vides, à part la terrasse de Chez René, le café sur la place. En passant devant, je vois quelques têtes se tourner vers moi. C'est rare, une moto, ici à cette heure. Sous mon casque, personne ne me reconnaît. Quelques visages me sont familiers, et pourtant un peu différents. Ils ont vieilli.

L'un d'eux me donne soudain l'envie de freiner à bloc, mais je me contiens. Ce n'est pas le moment de parler à Isabelle. Engagée dans une discussion animée avec une fille que je ne connais pas, elle n'a même pas jeté un œil dans ma direction.

L'officine est environ deux cents mètres plus loin, entre un boulanger et un marchand de journaux, fermés tous les deux. Je me présente à la porte et sonne à l'interphone. Une fois que la pharmacienne de garde m'a dûment identifié, elle m'ouvre et va me chercher ce que Palmer a prescrit.

Je reste seul au milieu des étalages, mon casque à la main. La vitrine est couverte de publicités, que je parcours sans les lire vraiment.

Quelle est cette maladie dont souffre mon oncle ? Ces crises de migraine ne me disent rien qui vaille. Et ses vomissements soudains encore moins. Plus vite Palmer aura les prélèvements, mieux ça vaudra.

La femme en blouse blanche revient avec une demi-douzaine de boîtes. Elle me regarde à peine, tapant les codes des produits sur sa machine électronique toute neuve, dont apparemment elle ne connaît encore pas bien le fonctionnement.

— Voilà, monsieur, ça vous fera 167 francs.

Très bien. Elle ne m'a pas reconnu. Enfin… elle n'a pas reconnu Paul. D'ailleurs, je ne me rappelle pas l'avoir déjà aperçue au village. Une nouvelle, peut-être. Depuis moins de quatre ans…

Je paie et emporte les boîtes, que je glisse dans les poches de mon cuir, puis entre la fermeture Éclair et mon tee-shirt lorsque je n'ai plus de place.

Je redémarre doucement, en évitant de faire ronronner trop fort le quatre-cylindres devant les volets fermés sur la rue. Il est à présent 22 heures bien sonnées. Je repars lentement et repasse devant la terrasse du café qui s'est remplie d'autres jeunes. Le serveur louvoie entre les tables et des cris fusent, les garçons s'apostrophant bruyamment entre eux et les filles éclatant de rire à tout bout de champ.

Seule, l'une d'entre elles ne rit pas.

Cette fois, elle a les yeux braqués sur moi, immobile. Elle me regarde disparaître au bout de la rue.

Hélène m'attend dehors, un châle passé autour des épaules. Le chien est assis à ses pieds, la langue pendante. Il m'a reconnu et il remue la queue dans la poussière. La fraîcheur est tombée sur la cour, évacuant la fournaise qui s'est réfugiée dans les murs. Ma tante a entendu le bruit de la moto qui s'approchait et elle paraît plus détendue. Je lui donne les boîtes avant d'aller ranger ma bécane dans la grange. Elle me remercie, mais ne peut s'empêcher de jeter un regard sombre à la Kawasaki qui gronde au ralenti.

Lorsque j'entre dans la cuisine, elle est en train d'écrire les prescriptions de l'ordonnance sur les emballages. La pharmacienne a oublié de le faire, trop pressée de fermer derrière moi.

Hélène me sourit.

— Merci, Franck. C'est gentil.

Je proteste, pour la forme.

— Mais non, c'est normal… Albert n'est pas rentré ?

Elle secoue la tête.

— Il a beaucoup de travail en ce moment. La météo prévoit de l'orage en fin de semaine. Il doit finir de moissonner les blés avant. Il termine souvent à la nuit, voire beaucoup plus tard.

Elle soupire, et regarde l'ordonnance.

— C'était le plus mauvais moment pour que Victor tombe malade. Albert est seul depuis quinze jours…

— Je l'aiderai, demain, proposé-je sans réfléchir.

Elle refuse vivement en levant les mains devant elle.

— Pas question ! Tu es là pour préparer ton bac, pas pour travailler dans les champs.

— Je ne bosserai pas les maths vingt heures par jour, Hélène. Un peu d'activité ne me fera pas de mal.

Elle a un sourire que je ne comprends pas tout de suite.

— Un peu d'activité… Si tu savais ce que c'est épuisant, Franck ! Je ne sais pas comment fait Albert pour rester aussi vaillant, à son âge…

Je me tais, troublé. C'est vrai que je ne connais rien à la vie de la ferme. Je suis un bouseux de la ville, venu ici avec mes *a priori* et les certitudes que j'ai collées dessus. Quel âge peut bien avoir Albert, au fait ? Soixante-dix ? Soixante-quinze ? Quatre-vingts ?

Aucune idée. Aussi loin que je me souvienne, il a toujours été vieux. C'est à se demander s'il ne l'était pas à la naissance...

— J'essaierai de vous aider quand même, Hélène. On pourra fixer une heure et j'irai rejoindre Albert quelque part. Ça ne peut pas faire de mal et il se sentira moins seul, même si je ne sers pas à grand-chose.

Elle me regarde posément, puis acquiesce en souriant de nouveau.

— Très bien, comme tu voudras. Mais tu fais ton travail d'abord. Marché conclu ?

Je frappe dans la main qu'elle me tend.

— Marché conclu.

— Parfait. Je monte les cachets à Victor et je te sers à manger. Assieds-toi donc sur le canapé du salon. Tu dois être fatigué de ta journée... Donne-moi une minute, je reviens tout de suite.

Hélène grimpe à l'étage et le bruit de ses pas décroît dans le couloir. J'entends sa voix demander timidement « Tu dors ? », puis plus rien. Le chien vient se coucher à mes pieds. Il cale sa tête entre ses pattes, les yeux braqués sur moi. Au fond de la pièce, une vieille comtoise égrène les secondes avec indifférence, son balancier renvoyant la lumière du lustre chaque fois qu'il passe à la verticale devant le verre de la porte articulée. Au mur, quelques photos encadrées en noir et blanc, jaunies par les années et la fumée, montrent Victor et Hélène plus jeunes en tenue de mariés, le sourire aux lèvres, avec dans le regard l'amour fou qu'ils se portent.

Je me lève et décroche le cadre. La date est inscrite derrière : 12 mai 1955. Je hausse les sourcils. Je n'étais même pas né ! Je calcule rapidement que ma tante devait avoir tout juste vingt ans, car elle en avait quarante l'année de la mort de Paul. Mon oncle, lui, en a dix-sept de plus.

Un bail.

Cela se voit sur la photo, mais ne choque pas vraiment. Il est bel homme. Le ventre plat, une épaisse tignasse brune sur le crâne : il semble en pleine forme. Peut-être est-ce dû à la superbe blonde qui est à son bras et prend une pose languissante. Il doit déjà avoir en tête ce qui va se dérouler en privé quand tous les invités seront partis. Il dégage de la force, du charme, et une incontestable présence que confirme son regard droit fixé sur l'objectif, au-dessus d'un léger sourire qui déforme sa moustache.

Rien à voir avec le vieillard obèse que j'ai vu descendre l'escalier cet après-midi. Vingt-quatre ans ont passé, et l'homme de soixante et un ans en paraît dix de plus que son âge. Je pense à Hélène, aux rêves qui l'ont bercée lorsqu'elle a épousé celui qui est devenu mon oncle. Elle n'avait peut-être pas imaginé cette métamorphose avant qu'elle-même approche de la cinquantaine.

— Ils ont changé, pas vrai, Franckie ? dit une voix dans mon dos.

Je me retourne brusquement.

— Albert !

Le vieil homme m'observe avec flegme, mais je vois à ses yeux pétillants de malice qu'il est heureux de me revoir.

— Salut, mon garçon, dit-il en ôtant son béret. Alors, qu'est-ce tu racontes ?

Il accroche soigneusement son couvre-chef à la patère fixée à la porte et me fait face, les pouces coincés dans ses bretelles. Je remets rapidement la photo en place et m'approche de lui.

— Ça me fait rudement plaisir, Albert…

Il hoche simplement le menton en souriant, ce qui chez lui équivaut à des effusions d'allégresse. Je ne me rappelle pas l'avoir vu serrer la main de qui que ce soit. Je suis d'autant plus surpris qu'il m'attrape par les épaules et me donne l'accolade, comme on devait le faire au XIXe siècle dans la bourgeoisie de province.

Albert est ému, lui aussi. Mais il a le bon sens de couper court au malaise et de s'asseoir en sortant son éternel paquet de gris et une pochette de feuilles à cigarettes.

— Tu as du travail, m'a dit ta tante.

— Pas suffisamment pour m'empêcher de t'aider, si tu es d'accord.

Il plisse les yeux en roulant la fine pellicule de papier autour du cylindre de tabac. Il arrache les brins excédentaires avant de les ranger dans le paquet, qu'il referme hermétiquement. Les mêmes gestes, les mêmes attitudes qu'autrefois. Albert est un îlot d'immobilisme dans ce monde en mouvement perpétuel.

— Si j'ai vraiment besoin d'aide, je te préviens le matin pour la fin d'après-midi. Normalement, je m'en sors tout seul, mais parfois, avec les machines, c'est mieux d'être à deux pour soulever des poids.

Albert a tranché pour les maths, donc. Je sais qu'il ne me demandera rien. C'est juste pour que je ne vienne pas sans arrêt tourner dans ses jambes qu'il m'a fait cette offre.

J'incline la tête. J'ai tenté ce que j'ai pu.

— D'accord, Albert. Comme tu voudras.

Il me sourit. Il sait que je l'ai percé à jour.

— Tu es allé voir tes poules ?

La question me ramène plusieurs années en arrière. À l'époque où, tout gamin, je me précipitais au poulailler dès notre arrivée à la Renardière pour aller chercher dans la paille les œufs encore tièdes de la ponte. Je moissonnais la production avec l'ardeur d'un chercheur de trésor, puis je revenais triomphant avec ma récolte au milieu des rires des adultes et devant les yeux levés au ciel de mon cousin.

— J'irai demain. Je suis vanné, ce soir. Je crois que je vais juste grignoter un morceau avant d'aller me coucher. La route a été longue.

Albert hoche une nouvelle fois la tête en allumant sa cigarette.

— Ça use, le bon air…

L'odeur du tabac se répand dans la pièce, avec ses propres évocations de souvenirs. Je reste silencieux, observant les photos qu'Hélène a accrochées au mur du salon, sur le manteau de la cheminée. Des clichés de famille, avec Paul pour centre de gravité. Il y en a d'autres, aussi, dont une du mariage de sa sœur Élisabeth, ma mère, avec Michaël Servin, mon père.

J'examine avec amertume les détails qui expriment la jovialité sur son visage. Rien ne me semble plus étranger que l'air heureux de cet homme qui est en fait un parfait inconnu pour moi. Cet homme qui n'a jamais passé plus de temps avec moi qu'il lui en fallait pour lire mon bulletin de notes, une fois par trimestre.

Albert pointe le mur du bout rougeoyant de sa cigarette.

— La vie des gens est parfois compliquée.

Je lui jette un regard aigu, comme s'il m'avait piqué avec une aiguille.

— Ce que je veux dire, corrige-t-il, c'est qu'on n'a parfois pas toutes les cartes en main pour juger. Même si l'on souffre.

Je détourne les yeux et les repose sur la photo. Il n'y a pas de cartes qui tiennent. Mon père est coupable. C'est lui qui boit. C'est lui qui frappe. C'est lui qui blesse. Il mérite ce qui lui arrive. C'est tout.

Mais la phrase d'Albert est entrée en moi. L'éventualité d'avoir à faire face à mon père à l'avenir me met soudain mal à l'aise, comme si je devais plonger dans un trou d'eau noire dont je ne connaîtrais pas la profondeur.

Les pas de ma tante dans l'escalier me soulagent au bon moment.

— Ah ! Tu es rentré ! dit-elle à Albert en l'apercevant. On va pouvoir dîner. Le petit est mort de fatigue.

Elle a un moment d'arrêt, prenant conscience de ce qu'elle vient de dire.

J'éclate de rire, et je lève mon mètre quatre-vingt-trois, bombant mon torse maigre comme à la parade.

— Drôle de petit, non ?

Hélène se passe la main dans les cheveux, hilare, et Albert souffle la fumée de son mégot en souriant.

Le nuage est passé. J'espère que personne ne va me reparler de mes parents.

22 h 45

Le dîner s'est déroulé tranquillement, dans une espèce de griserie qui m'a fait du bien. Ma tante a pris garde de ne parler que de sujets anodins, mais avec ce qu'il fallait de fantaisie pour que la discussion reste enjouée et passe-partout. Albert s'est endormi sur le canapé. Hélène lui a ôté la cigarette des doigts avant de le couvrir d'une couverture de laine.

Nous avons discuté à voix basse quelques instants, jusqu'à ce qu'elle m'envoie au lit alors que mes paupières commençaient à papillonner. Elle a éteint puis est montée se coucher. En m'embrassant pour la nuit, elle m'a serré fort une dernière fois, comme pour s'assurer que j'étais bien là, avec elle. Puis elle est entrée à pas de loup dans la chambre et a refermé sans bruit derrière elle, interrompant les ronflements de Victor.

Seul dans ma chambre, je suis assis devant le petit bureau improvisé. J'ai étalé mes livres de cours, mes feuilles blanches, mes stylos. Je suis à pied d'œuvre, mais je ne parviens pas à attaquer. Mon attention décroche sans arrêt. J'ai même du mal à seulement envisager un plan de travail pour la semaine à venir.

Sur les étagères, une bonne partie des romans qui ont bercé mon enfance sont alignés, les uns à côté des autres. *Tarzan, Le Dernier des Mohicans, Croc-Blanc, L'Appel de la forêt, Robinson Crusoé...*

Je m'allonge sur le lit tout habillé et je ne tarde pas à m'engourdir. Je quitte le pays de la conscience en compagnie de Buck, le chien-loup, aboyant de joie dans la neige, et de Robinson qui, aidé par un géant à la musculature imposante, entouré d'Indiens farouches, cherche Vendredi sur une plage vierge de sable blanc.

5

4 juillet 1979, 9 h 58

Lorsque j'ouvre les yeux, le soleil est déjà haut. Il entre par la fente entre les rideaux et me lèche le visage en une mince lame dorée qui coupe le lit en deux. Je consulte ma montre et grogne de dépit. Dix heures ! Mes révisions commencent bien !

Je file dans la salle d'eau et prends une douche rapide, puis je descends à la cuisine. Hélène est là, assise devant un café froid. Elle me sourit. Visiblement, elle m'attendait.

— Bien dormi, mon grand ?

Je rejette en arrière mes cheveux encore humides.

— Trop, tatie. J'ai fait le tour du cadran…

Je me penche sur elle et l'embrasse à la naissance des cheveux. Elle a toujours sur elle cette odeur de lait et de féminité troublante. Pourtant, elle ne se maquille pas et n'a pas l'air de passer des heures devant la glace à se pomponner.

— C'est que tu en avais besoin, tranche-t-elle. Tu veux du café ?

J'acquiesce et me laisse servir, la regardant remplir mon bol d'un liquide noir et odorant que je sais costaud comme un distillat de cow-boy.

— Du sucre ?

— Non, merci, mais un peu de lait, s'il te plaît…

Elle dépose le tout devant moi, avec du pain de campagne et du beurre, puis me contemple en train d'engloutir des tartines grosses comme mon bras.

— Comment va Victor, ce matin ?

Hélène écarte les mains.

— C'est à n'y rien comprendre. Les cachets du docteur Palmer ont dû faire effet, il est parti aux champs avec Albert au lever du jour.

J'avale ma bouchée de pain.

— Tant mieux. C'est peut-être terminé, alors...

Ma tante me désigne du nez un petit sac plastique posé au bout de la table.

— On ne le saura que quand les analyses seront effectuées. Je vais apporter ça au médecin, et j'irai au marché ensuite.

— Tu veux que j'y aille ?

— Merci, mais non. Tu dois penser à ton bac en premier, et de toute façon Victor est dehors. Ça va aller. Il faut que je fasse mes courses pour la semaine, et le coffre de la voiture sera plus pratique que ton porte-bagages.

Je pense soudain à la recommandation de ma mère. J'allais oublier... Je glisse la main dans la poche intérieure de mon cuir, resté sur le dossier d'une chaise, hier soir, et j'en sors une enveloppe scellée. Je la fais slalomer entre mon bol et le pot de beurre dans la direction de ma tante.

Elle me regarde, étonnée.

— Qu'est-ce que c'est ?

— C'est maman. Pour les frais de mon séjour...

Elle fronce les sourcils et tente de repousser l'enveloppe d'un revers de main nerveux.

— Il n'en est pas question. Tu es notre invité !

J'insiste, et bloque le paquet de la paume sur la table.

— Maman a dit que si tu n'acceptes pas, elle t'envoie papa.

Hélène ne peut retenir un bruit de gorge. Peut-être un rire avorté. Je botte en touche.

— Moi, à ta place, je prendrais l'enveloppe…

Elle rit franchement, cette fois.

— Très bien, Franck. Ta mère a gagné. Cependant…

Elle se lève et me montre qu'elle range le pli sans l'ouvrir dans le premier tiroir du buffet, derrière la table.

— …Je veux que tu te serves de cet argent, chaque fois que tu en auras besoin pour tes dépenses personnelles. Comme ça, tout le monde est content, et tu ne te sentiras pas gêné d'aller boire un Coca en ville ou de t'acheter un truc qui te fait envie. Nous sommes d'accord ?

— Ça marche…

— Bien ! Alors, par quoi tu commences, ce matin ?

Je soupire.

— Les maths, je crois. C'est là où j'ai le plus de retard.

Elle se lève et se met à débarrasser les reliefs du petit déjeuner.

— Alors, ouste ! Au travail ! Moi, j'ai des courses à faire.

Il va vraiment falloir que je m'y mette…

Le soleil est bien haut lorsque je l'entends revenir de Valloise. Sa 2 CV fait un raffut de tous les diables en grimpant la dernière côte jusqu'à la ferme. Un de ces jours, je suis sûr qu'elle finira le chemin à pied. Quelques minutes plus tard, je l'entends m'appeler du bas de l'escalier.

— J'ai pris du rôti de porc froid et des chips pour ce midi, me dit-elle lorsque je la rejoins. Je suis vraiment en retard, et si tu attends que je cuisine un plat tu seras mort de faim avant.

— Parfait pour moi. J'adore ça.

Elle me sert trois tranches de rôti et s'assied face à moi avec une pomme et un couteau.

— C'est tout ce que tu manges ?

Elle a un petit sourire.

— Il faut que je fasse attention à ma ligne. J'ai tendance à grossir un peu, en ce moment.

Ce n'est pas mon avis, mais je me garde bien de lui en faire part. Je trouve même que pour une femme de quarante-cinq ans, elle est plutôt bien conservée. Je me demande une seconde si un neveu peut penser des choses de cet ordre-là vis-à-vis de sa tante. Inconsciente de mon embarras, elle penche la tête en épluchant le fruit, dévoilant la peau claire de son cou. Elle a passé un chemisier fin avant d'aller en ville, et sa poitrine encore ferme tend le tissu en écartant un peu les bords du vêtement.

Je me sens coupable de l'observer, et presque incestueux. Je détourne le regard sur mon assiette et me plonge dans la contemplation de mon rôti.

— Ça va, Franck ?

Elle s'est arrêtée de peler la pomme et me considère avec attention.

— Heu... oui, pourquoi ?

— Je ne sais pas, tu as l'air... absent.

Vite, une branche...

— C'est les maths, maugréé-je. Je ne pige rien à ces probabilités. C'est la partie la plus obscure du programme, pour moi.

Elle opine et croque dans la chair juteuse de la golden.

— Je ne sais pas comment vous faites pour ingurgiter tout ça, vous, les jeunes. Ça me dépasse...

Moi aussi, sincèrement, mais je préfère garder ça pour moi, encore une fois. Je fais diversion.

— Il y a aussi la bio, la physique-chimie, les langues et l'histoire-géo.

— Et la philo ? suggère Hélène.

— Pour la philo, je suis au point. Je connais tout Nietzsche sur le bout des doigts, et Kant et Hegel n'ont plus aucun secret pour moi.

Ce qui est très loin de la vérité, mais vu le coefficient de l'épreuve de philo au bac C, je ne vais pas me fouler, c'est certain. Avec un peu de bol, je tomberai sur Sartre ou Platon, et là j'ai des chances de pouvoir me défendre correctement.

Je me lève et emporte ma vaisselle à l'évier.

— Laisse, je m'en occupe, dit Hélène.

— J'en ai pour une seconde...

Je lave rapidement l'assiette et les couverts, puis m'apprête à remonter.

— Tu devrais peut-être aller voir vos anciens copains, ce soir, ajoute-t-elle avec précaution.

Je la dévisage.

— Pourquoi me dis-tu ça ?

— Parce que je pense que ça te démange...

J'acquiesce mollement.

— J'y ai pensé, oui. Mais je ne sais pas comment ils vont prendre mon arrivée...

Hélène tend son index vers moi.

— Tu es Franck, pas Paul. Ils sont capables de faire la différence, même...

Un silence.

— ...même avec cette ressemblance ?

Elle s'est tue, rattrapée par ses propres mots. Elle hoche rapidement la tête, puis baisse les yeux. Je m'en veux de ma brusquerie. Qui suis-je pour lui parler comme ça ?

Je me penche vers elle et l'embrasse sur la tempe.

— Pardonne-moi, ce n'est pas ce que je voulais dire...

Une larme est prête à rouler sur sa joue. Je l'écrase du plat de l'index.

— Ce n'est pas ta faute, m'excuse-t-elle. Je sais que cela a été dur pour toi aussi. Vous étiez comme deux frères jumeaux.

Je sens ma gorge se serrer. Paul n'a pas cessé de me manquer depuis sa disparition. Je lui pose la main sur l'épaule, et elle appuie la sienne dessus une seconde avant de me laisser monter l'escalier. Quelques instants plus tard, je suis dans ma chambre et j'ouvre mon livre de maths à la section « Probabilités ».

Je reste longtemps assis devant la page, immobile, avant de commencer à travailler.

Le dîner expédié, je remonte sur la moto avec plaisir. Un peu d'air va me faire du bien. Si l'on excepte le début de matinée perdu à dormir, j'ai bien avancé dans mon boulot et je commence à croire de nouveau que tout est possible. Les *probas* m'ont finalement livré quelques secrets et ce que je croyais jusque-là insurmontable m'apparaît sous un autre jour. Quand je pense qu'un seul après-midi de travail sérieux a suffi, je m'autorise un minimum d'optimisme pour les semaines à venir. Le programme est long et dense, mais j'ai tout mon temps.

Donc, ce soir, le ventre bien rempli, après avoir un peu discuté avec Victor et Albert sous la tonnelle, j'ai projeté d'aller faire un tour à Valloise en bécane.

Est-ce une bonne idée ? Franchement, je n'en sais rien. Mais la soirée est belle et Albert a confirmé que l'orage approche plus vite que prévu. Il est ce soir au-dessus de la Bretagne. Il risque d'éclater dans le secteur dans deux ou trois jours. Si ça se trouve, je vais me trouver coincé ici pendant un long moment, alors autant me décider au plus tôt. Comme ça, je serai fixé.

J'aperçois Hélène qui m'observe de la fenêtre de la cuisine, penchée sur la vaisselle. Dehors, Albert et Victor agitent la main. Je leur réponds et franchis la grille au pas.

Assis dans la poussière, près du portail, Tom me regarde partir en gémissant, la queue basse.

Arrivé au virage mortel, je ne peux m'empêcher de mettre de nouveau pied à terre. Je n'avais pas pris conscience que mon oncle ou ma tante, quelle que soit la raison pour laquelle ils quittent la ferme, sont obligés de passer ici. Je me demande ce qu'ils ressentent, chaque fois qu'ils suivent cette route. Ça doit être une chose horrible de ne pas pouvoir se déplacer autrement. C'est une sorte de deuxième malheur qui vient s'ajouter au premier, une condamnation à visualiser en permanence le lieu où leur fils a perdu la vie.

Pourquoi n'ont-ils pas déménagé ?

Je mesure instantanément la bêtise de ma question. Victor tient ses terres d'héritages familiaux immémoriaux. Loin d'ici, il n'existerait pas. Ils sont verrouillés à cet endroit aussi sûrement que s'ils y étaient enchaînés.

Je me suis arrêté plus bas dans la côte, cette fois. À ma droite, le chemin qui longe le lac s'enfonce au milieu des herbes hautes. Il est plus tôt qu'hier et le soleil inonde encore le bas du talus de roches.

J'avance lentement, les bras le long du corps, incapable de me sentir autrement qu'un intrus sur ce sentier, où nos cris de joie ont retenti des années durant avant le drame. Je ne pourrais pas compter les poissons que nous avons pêchés dans ces eaux stagnantes, les fous rires que nous avons partagés à nous asperger mutuellement, les cigarettes que nous avons fumées en cachette, hors de vue de la ferme.

Chaque foulée me résonne dans la mémoire comme un glas, comme si l'esprit de Paul me suivait pas à pas.

Il y a déjà quatre ans, mais chaque méandre de la berge m'apparaît comme si je l'avais quitté la veille. Je me surprends même à chercher des yeux les branches de noisetier que nous utilisions comme cannes à pêche, en les coinçant entre deux buissons, équipées d'un morceau de fil avec un hameçon muni d'une sauterelle comme ligne de fond pour la nuit.

Je marque l'arrêt à l'endroit où la mobylette de Paul a été retrouvée fracassée par la chute. Je me rappelle avoir entendu mon oncle dire que le rapport des gendarmes mentionnait qu'il n'y avait aucune trace de freinage sur les graviers bordant le vide.

Aucune trace de freinage...

Qu'est-ce qui a bien pu passer par la tête de mon cousin pour qu'il se jette dans ce piège stupide, lui qui connaissait la route aussi bien que sa poche, depuis son enfance, comme s'il l'avait dessinée lui-même ? Et surtout, pour qu'il ne réagisse pas *du tout* devant l'issue fatale, même à quelques centimètres d'une culbute inévitable ?

J'ai beau retourner les éventualités les unes derrière les autres, rien de tangible, ni de logique, ne vient s'imposer à mon esprit.

Je lève le nez vers le sommet des rochers empilés, mais mon interrogation se heurte à leur indifférence minérale. Eux, ils savent ce qui s'est passé, exactement. Ils ont vu mon cousin mourir, ils ont entendu ses derniers cris. Ses dernières plaintes, peut-être...

Je ne sais pas pourquoi, mais je m'accroupis entre les blocs de granit et j'observe la végétation qui pousse entre les anfractuosités des pierres. Quel indice, aussi infime soit-il, pourrais-je trouver ici quatre longues années plus tard ? Paul est mort ici, mais j'avais beau être presque son jumeau, cet accident m'est aussi étranger que s'il s'était déroulé à mille kilomètres. Je suis devant un tableau vide sur lequel rien n'est écrit.

Seule ma douleur se répand entre les fougères et me laisse orphelin de Paul. Je m'en sens brusquement coupable, comme si je l'avais trahi. Comme si je l'avais abandonné.

Je secoue la tête pour échapper à ce malaise. Ce n'est pas une bonne chose de me laisser envahir par cette morosité et ces remords. Je tourne les talons et reviens à la Kawasaki.

J'ai eu le sentiment de rester une heure en bas, mais la course du soleil me montre qu'il ne s'est passé que quelques minutes. Je redémarre et file vers le village, écoutant le vent faire vibrer dans ma visière des échos d'outre-tombe.

J'ai l'impression que tous les jeunes de Valloise se sont donné rendez-vous ce soir Chez René, sur la place. La terrasse est bondée lorsque je me gare devant, et les discussions stoppent comme par enchantement, d'un seul coup, quand j'ôte mon casque en secouant mes cheveux qui me sont tombés sur les yeux.

Je croise plusieurs regards effarés, incrédules. Même s'ils comprennent parfaitement qui *je suis*, ils ne peuvent s'empêcher de voir qui *ils s'imaginent*. Je m'attendais à quelque chose de ce genre, mais peut-être pas avec cette violence et cette unanimité.

J'avance entre les tables dans le plus profond silence vers Isabelle, qui s'est figée entre deux filles que je n'ai jamais vues, à part celle de gauche, hier avec elle, une brune frisée aux yeux écarquillés.

Je m'immobilise devant l'ancienne petite amie de Paul et je la contemple sans un mot, attendant je ne sais pas trop quelle réaction. Un signe de sa part, peut-être. N'importe quoi qui me ferait me sentir autre chose qu'un mauvais souvenir.

Au bout d'un instant interminable, les regards glissent de mon visage vers le sien. Elle se sent peu à peu devenir le centre de l'attention générale. Je vois bien qu'elle est coincée, qu'elle ne sait pas comment elle doit se comporter. Elle n'a plus qu'une seule parole à dire. Et elle la dit.

— Salut, Franck.

— Salut, Isa.

Je me tourne vers l'assemblée, guettant autre chose qu'une attention appuyée presque malsaine.

— Salut.

Un grognement indistinct et gêné me répond. Certaines têtes se détournent, plongent dans leurs verres.

— Tu nous présentes ? demande la petite brune à Isabelle en lui mettant un coup de coude dans les côtes.

Isa s'exécute, visiblement de mauvaise grâce.

— Gwenaëlle… Franck. Franck est le cousin de Paul. *Était* le cousin de Paul.

La brune ouvre des yeux ronds, comprenant brusquement l'attitude du groupe.

— Oh… Désolée…

— Tu ne pouvais pas savoir, dis-je en lui tendant la main. Salut, Gwenaëlle.

Sa paume est tiède et ses yeux clairs comme de l'eau. Elle me rend ma poignée de main en me dévisageant, elle aussi. Je vois qu'Isabelle lui a déjà parlé de ma ressemblance avec Paul, qu'elle n'a jamais connu. Elle me sourit alors et un coin de ciel bleu apparaît soudain dans mon esprit.

— Tu veux boire quelque chose ? dit-elle en se poussant un peu sur la banquette.

Le comportement de mes anciennes connaissances m'agace un peu. Ils n'ont jamais véritablement été des amis, car je ne les voyais qu'épisodiquement avec mon cousin, mais j'ai l'impression d'être rejeté comme un virus par des lymphocytes, comme si j'étais menaçant ou contagieux.

— Bonne idée. Un Coca, merci, Gwenaëlle.

Elle agite la main en direction du serveur, un blond au cheveu rare qui lui fait signe qu'il arrive. Le type s'activait au comptoir, astiquant le cuivre avec les yeux posés sur nous. Je me rends compte qu'il vient voir la raison du brusque changement d'ambiance dans son bar. Il prend la commande.

— Tout le monde m'appelle Gwen. Ça fait moins…

— …danse folklorique bigoudène ?

Elle rit, et ça me fait un bien fou.

— Exactement.

— Tes parents sont bretons ?

— Ma mère est de Quimper, mais je n'y mets pas souvent les pieds. Je vis ici avec mon père…

— Oh…

Je vois que je ne suis pas le seul à avoir connu les affres du divorce de mes parents. Ça nous fait déjà un point commun, même si elle ne le sait pas encore. Je la regarde avec attention, en me disant que j'en découvrirais bien d'autres. Je tète la paille du Coca en pensant que j'ai bien fait de pousser jusqu'au village, ce soir.

Isabelle se lève soudain. Elle prend son sac, évite de poser les yeux sur moi.

— Je vous laisse. À plus tard, Gwen. Salut, Franck.

— Salut.

Nous avons répondu en chœur et nos yeux se croisent. Je crois déceler dans ses prunelles l'amorce d'un intérêt pour moi, mais je me fais peut-être un film en cinémascope.

Elle pose alors sa main sur la mienne et baisse la voix pour ne pas être entendue des tables voisines.

— Elle n'a pas encore digéré la mort de ton cousin. Ne lui en veux pas trop…

Je hoche la tête en silence. Bien sûr. Je savais qu'ils étaient accrochés, tous les deux, mais j'ignorais qu'elle tenait à lui à ce point.

— Tu es venu en vacances ? poursuit-elle en essayant de changer de sujet, ce dont je lui sais gré.

Je lui raconte l'histoire de la session de rattrapage, en omettant le nez de ma mère, cassé à coups de casserole.

— Et toi, tu l'as ?

Elle fait la grimace.

— Je l'ai raté. Il me manquait douze points après l'oral. Je suis bonne pour retaper. Mon père m'a accordé un mois pour souffler. Je recommence à bosser vers la mi-août pour me remettre à niveau.

— Si tu veux, on peut travailler ensemble…

Ça m'a échappé. Trop tard pour faire marche arrière. Elle penche la tête, comme pour me jauger. Ses yeux sont immenses et j'ai toutes les peines du monde à essayer de ne pas paraître trop crétin en soutenant son regard.

— Tu ne perds pas de temps, Franck…

Sa voix est douce, mais je sens un soupçon de réserve qu'il n'y avait pas quelques secondes plus tôt.

— Enfin… Je veux dire…

Ça y est. J'ai les pieds dans la boue et ma langue colle au palais. Bravo, Franckie. Ça, pour une approche, c'est une sacrée réussite ! J'ai l'impression qu'elle va ouvrir la bouche pour se moquer de moi, mais ses yeux montent plus haut, au-dessus de mon épaule.

— Salut, Laurent ! dit-elle en souriant.

— C'est qui celui-là ? demande une voix grave derrière mon dos.

— C'est Franck Servin, dit Gwen. Le cousin de Paul, l'ex d'Isabelle. Il est en vacances.

Je tourne la tête au moment où le type nommé Laurent s'assied sur la chaise à côté de moi. Il me dévisage sans aménité, puis approche du mien son front où trône une ancienne cicatrice. Un trophée, sans doute.

— Toi, tu laisses ma copine tranquille, pigé ? me dit-il en me fixant d'un air menaçant et vaguement porcin.

Je regarde Gwen et je soupire.

— Je vais vous laisser. Je vois que tu es en bonne compagnie.

Je me lève et déplie mon mètre quatre-vingt-trois en prenant mon temps. Je prends mon casque sous le bras et le fais passer au ras du crâne de Laurent, qui a un geste en arrière pour l'éviter.

Je contemple sans retenue la petite brune et lui adresse un sourire complice.

— À plus tard, Gwen.

— Hé ! Tu m'as pas compris, toi ! lance Laurent en sautant sur ses pieds. Je t'ai dit de dégager !

Je sors sans me retourner, lentement, et je monte sur la moto en enfilant mon casque dans un silence à couper au couteau. Laurent et moi nous défions du regard à travers la glace, mais je prends le temps de relever ma visière avant de démarrer pour que Gwen voie que c'est elle que je regarde en partant.

J'ai voulu attirer son attention et j'ai bien l'impression que ça, au moins, c'est réussi.

6

5 juillet 1979, 2 h 06

Il est plus de 2 heures du matin. Le sommeil ne vient toujours pas. Ma tante s'est couchée tôt et Albert a suivi peu après. J'entends les ronflements de Victor jusque dans le couloir. Il a l'air de dormir comme un bébé.

J'ai un peu de mal à continuer sur la bio, car mes pensées me ramènent sans cesse à Gwenaëlle. Je décide de passer à l'anglais, qui va nécessiter beaucoup moins d'efforts de ma part. C'est peut-être la seule matière où j'ai une chance sérieuse de décrocher plus que la moyenne sans travailler.

J'essaie de plancher pendant une bonne demi-heure, mais les versions anglaises se dérobent aussi devant le regard azur de la belle brune que je ne parviens pas à oublier. Cette fille m'a vraiment tapé dans l'œil…

Je ne comprends pas comment ce type a pu mettre la main sur elle. Elle a l'air complètement à l'opposé de ce genre de mâle dominateur et possessif. Leur histoire, si histoire il y a, doit reposer sur quelque chose d'assez peu solide. Elle s'ennuie peut-être et s'est laissé embobiner par un gars du coin, un lourdaud à peine bon à traire une vache.

L'image me fait grimacer. J'ai du mal à imaginer sans un haut-le-cœur ses grosses pattes se poser sur elle.

Je repousse mon livre et mes feuilles. Après tout, c'est ses oignons. Elle m'a plus ou moins rembarré, quand même…

« Tu ne perds pas de temps, Franck… » Ça veut tout de même dire : *« Tu n'as pas l'impression de prendre tes désirs pour des réalités, mon garçon ? »* Non ?

Je me lève et m'approche de la fenêtre. En bas, la lune éclaire les champs d'une lueur fantomatique. Les clôtures luisent comme des traits incandescents en traversant les talus. Les silhouettes des arbres coupent le ciel en deux, une partie claire remplie d'étoiles au-dessus, une obscurité épaisse en dessous. Dans le carré de lumière projeté par ma lampe sur le chemin, j'aperçois deux billes brillantes qui me regardent.

Tom ! Merde. Le chien est resté dehors…

J'ouvre la fenêtre et l'appelle doucement.

— *Tom !*

La petite tête s'incline et je vois sa queue qui s'agite. Il jappe deux ou trois fois, visiblement content de me voir.

— Chut ! J'arrive ! lui dis-je en essayant de garder la voix basse.

J'ouvre la porte le plus silencieusement possible et je descends au rez-de-chaussée pour aller lui ouvrir le portail.

Tom sautille de l'autre côté de la grille, impatient de rentrer au bercail. Je me baisse et le prends dans mes bras, tandis qu'il me donne de grands coups de langue affectueux. La fraîcheur de la nuit me glisse sur les épaules, appelant un frisson. Je décide soudain de marcher un peu sur le chemin, histoire d'évacuer les sentiments négatifs que j'ai accumulés en fin de soirée. Ce connard m'a vraiment énervé. Je sens comme des crampes sournoises dans mes phalanges. Il ne s'en serait pas fallu beaucoup plus pour que la situation dégénère, nous l'avons bien senti tous les deux.

Que se passera-t-il la prochaine fois que nous nous rencontrerons ? Franchement, je m'en fous. S'il me cherche, il me trouvera. C'est tout. Je ne suis pas plus pourri qu'un autre et j'ai de la colère à revendre. Alors, à la tienne, mon pote !

Plongé dans mes pensées, je me suis un peu éloigné de la ferme en direction du bois. Tom gigote et je le pose par terre. Il reste près de moi, le nez levé, semblant se demander si je vais me décider à rentrer. Je regarde les fenêtres, toutes sombres sauf la mienne, et je soupire. Je n'arriverai plus à travailler ce soir. Gwen est trop présente. Je crois que je ferais mieux d'aller me coucher pour commencer la journée du bon pied demain matin.

À ce moment-là, une seconde fenêtre s'allume du même côté que la mienne. Une ombre projetée, déformée, bouge rapidement dans la pièce. Elle disparaît une seconde ou deux, revient aussi vite qu'elle a disparu. Puis la pièce retombe dans l'obscurité sans que j'aie pu voir qui y est entré, et cela me perturbe. C'est la chambre de Paul et personne n'y met jamais les pieds depuis sa mort, sauf ma tante pour y faire le ménage de temps en temps. La chambre de Paul est un sanctuaire, c'est ce que ma mère m'a dit avant que je parte.

J'attends encore quelques minutes, mais le visiteur ne revient pas. Qui donc est venu en pleine nuit dans la chambre figée de mon cousin ? Victor, Hélène ? Albert ?

Je hausse les épaules. Comme pour Gwen, cela ne me regarde pas. Ils sont chez eux et si l'un d'eux veut se recueillir un moment sans que les autres le voient, je n'ai pas à m'en mêler.

Tom s'est un peu éloigné sur le chemin. Il se retourne avec un air exaspéré, cette fois. Il jappe de nouveau, un peu plus sèchement.

— OK, j'arrive…, dis-je en avançant vers lui. Tu as gagné. On va se coucher.

Quelques instants plus tard, la fenêtre ouverte, je suis allongé complètement nu sur le matelas. Après avoir poussé un long soupir de satisfaction, Tom s'est enroulé au pied du lit, le nez entre les pattes. J'ai l'impression qu'il dort déjà lorsque j'éteins la lampe de chevet.

Je sursaute et me redresse d'un coup. Quelque chose vient de me réveiller brutalement. Tom est debout sur le lit et il aboie de toutes ses forces.

— Tom ! Tais-toi !

Dans l'ouverture de la fenêtre, la nuit est encore noire. Tom aboie de plus belle.

— Tom ! Couché !

Un bruit sourd retentit sur le palier, suivi d'un cri de femme.

Hélène !

Je me lève d'un bond et vais pour sortir, mais je me rappelle que je n'ai pas de caleçon au moment où j'ouvre la porte. Tant pis ! Mon cœur bat à tout rompre tandis que je cours vers la chambre de mon oncle et de ma tante.

J'ouvre la porte à la volée, manque de marcher sur Hélène, qui se tient à genoux au-dessus du corps convulsé de Victor. De la bouche de mon oncle, inconscient, un liquide épais et blanchâtre sort en moussant. Il a les yeux complètement révulsés et les tendons de son cou sont aussi saillants que des fils à linge sous des draps. Il a les mains crispées sur ses poumons et semble avoir énormément de mal à respirer.

Hélène essaie désespérément de le placer en position de sécurité pour qu'il n'avale pas sa langue. Je l'aide à le basculer sur le côté. Elle me saisit alors le bras, braquant sur mon visage des yeux de folle.

— Franck ! Palmer ! Appelle le médecin ! *Tout de suite !*

Voyant Victor respirer de nouveau, je saute dans le couloir et me rue sur le téléphone. Le numéro est juste à côté de l'appareil, bien en évidence.

Palmer ne met pas trois sonneries à répondre. Il est froid, lucide et me demande de me calmer pour lui expliquer ce que j'ai vu. Puis, sans plus s'occuper de moi, il raccroche après m'avoir dit qu'il arrivait immédiatement.

Je file ouvrir le portail et laisse la cuisine ouverte sur la nuit. Tom me suit en poussant des petits gémissements plaintifs, mais je ne prends pas le temps de le rassurer. Je remonte l'escalier en quatrième vitesse avec une bouteille d'eau et un verre, m'arrêtant juste une seconde pour enfiler un caleçon.

Je me précipite dans la chambre de Victor et d'Hélène et je respire un grand coup, tandis qu'une rigole de sueur serpente entre mes omoplates le long de ma colonne vertébrale. Les yeux de Victor ont repris une apparence normale, quoique injectés de sang. Hélène lui a essuyé la bouche avec son revers de pyjama. Il a l'air de respirer presque normalement. Il essaie même de parler, mais les mots restent coincés dans sa gorge. Je pose ma main sur la sienne.

— Plus tard, tonton. Garde tes forces pour expliquer au toubib.

Il me regarde, semblant avoir du mal à focaliser son attention, mais il hoche la tête et ferme les yeux. Il a compris. Je me tourne vers ma tante.

— Qu'est-ce qui s'est passé ?

Elle halète encore, tétanisée par la frayeur qu'elle vient de vivre.

— Je dormais. Je ne sais pas comment c'est arrivé. Il s'est dressé d'un seul coup en se serrant la gorge, comme s'il étouffait. Puis il s'est levé en faisant basculer la table de nuit. Ensuite, il a essayé de s'accrocher à la commode, mais il l'a renversée aussi. C'est là que j'ai crié.

Elle relève une mèche trempée sur son front, et pose un regard anxieux sur le visage exsangue de Victor.

— *Mais qu'est-ce qu'il a, bon sang?*

Sa voix est à peine plus audible qu'un chuchotement. Elle n'attend pas de réponse de ma part. Je lui donne la bouteille d'eau. Elle essaie de lui faire boire quelques gouttes, mais il les recrache aussitôt en toussant. La transpiration lui ruisselle sur le visage.

— Tu veux un gant ? Il faut le rafraîchir.

— Oui, merci.

Je file dans la salle de bains chercher ce qu'il faut. En revenant, je ne peux m'empêcher de jeter un regard à la poignée de porte de la chambre de Paul, la dernière au bout du couloir.

J'ai aidé le docteur Palmer à recoucher Victor sur le lit trempé de sueur. Hélène lui a placé deux oreillers sous le crâne pour le surélever un peu. Nous le regardons l'ausculter avec inquiétude. L'examen dure déjà depuis une bonne demi-heure, et je sens Palmer qui s'agite, mesurant deux fois son pouls et sa tension.

— Qu'est-ce qu'il y a, docteur ? demande Hélène d'une voix tendue. Expliquez-moi…

Palmer ne répond pas tout de suite. Il finit d'écouter les battements de cœur de mon oncle au stéthoscope, puis il tourne lentement la tête vers elle.

— Je n'en sais rien, madame Delerme. Votre mari présente certains symptômes que l'on peut assimiler à une intoxication alimentaire, mais d'autres sont très nettement neurologiques. J'avoue que je ne vois pas bien ce qui peut lui causer un dérèglement pareil du système nerveux. En tout cas, il semble souffrir d'une arythmie ventriculaire et de tachycardie sévère.

Il la regarde fixement, essayant de capter ses yeux affolés qui vont et viennent sans savoir où se poser.

— Madame Delerme, *il faut* que votre mari passe ces examens. Il y va de sa vie, vous me comprenez bien ?

Hélène a un hoquet. Elle tend le doigt vers Victor, frémissante.

— Il ne veut pas y aller, docteur ! Ça fait plus d'un mois que je lui demande de le faire !

Palmer hoche la tête. C'est toujours pareil. C'est quand les ennuis arrivent que la famille se défausse sur le malade.

Le médecin se lève et remballe ses instruments.

— Il ne faut plus le lui *demander*, madame. Il faut le *forcer* à y aller.

Il me jette un œil en coin.

— Vous avez là un solide gaillard pour vous y aider, ajoute-t-il.

Ma tante me regarde, éperdue. J'acquiesce du menton. Oui, bien sûr, je vais l'aider à convaincre et emmener Victor.

— Qu'est-ce que vous allez lui prescrire, docteur ? demande Hélène.

Palmer soupire.

— Rien, pour le moment. Rien de plus que ce que je vous ai indiqué hier soir. En ce qui concerne son alimentation, en revanche, ne vous écartez pas des haricots verts, du riz et de quelques aliments de base sans acidité ni graisses excessives. Pas de viande, de beurre, de lait. Pas d'œufs non plus. Je vais appeler pour faire admettre votre mari en priorité dans un centre d'examens neurologiques, à Guéret.

— À Guéret ? Mais…

Palmer referme sa sacoche en faisant claquer la serrure.

— C'est là que sont les meilleurs spécialistes de la région.

Il lève les yeux sur ma tante.

— Je crains que vous n'ayez pas le choix… si vous voulez qu'il survive. Je vais appeler immédiatement une ambulance qui va venir le chercher.

Un silence glacial tombe sur la chambre. Je n'aime pas du tout le ton que vient de prendre Palmer pour parler à Hélène. Elle a enfoui son visage dans ses mains ouvertes, comme pour se cacher de l'angoisse qui la submerge. Au lieu de l'aider et de montrer un peu de compassion, ce crétin est en train de la faire culpabiliser à mort. Je fais un pas en avant pour me mettre en travers de son chemin alors qu'il va pour sortir de la chambre lorsque Victor pousse un grognement inintelligible. Nous nous tournons tous les trois vers lui et Hélène se précipite vers le lit. Mon oncle fait visiblement un gros effort pour rassembler ses forces. Il regarde Palmer et lui fait signe d'approcher.

— Tr… trois jours…, souffle-t-il.

— Qu'est-ce que vous dites ? demande le médecin en se penchant au-dessus de lui pour mieux entendre.

Victor respire difficilement, et j'ai mal pour lui face à ses efforts pour venir en aide à Hélène.

— Les ré… coltes… Trois jours p… pour finir… Examens… ap… après… D'ac… cord ?

Perplexe, Palmer se gratte le cuir chevelu.

— Ce n'est pas sérieux, monsieur Delerme. Il ne faut pas attendre. Ce que vous avez est inquiétant, tout de même.

Victor saisit la manche du praticien et le tire d'un coup sec vers lui, le déséquilibrant brusquement. Palmer lâche sa sacoche et se rattrape en posant les mains de chaque côté de la tête du malade. Leurs visages ne sont plus qu'à quelques centimètres l'un de l'autre.

— L'o… rage, dit mon oncle en plantant son regard fiévreux dans les iris bleus du toubib. Il reste tr… trois jours a… vant qu… qu'il s… soit là !

Victor repose sa tête sur l'oreiller, exténué. Palmer se redresse, troublé. Je reste muet, témoin passif de cette joute entre un paysan obstiné qui refuse de se faire soigner pour sauver sa récolte, et un médecin de campagne débordé par les événements.

Tout à coup, je me demande où est Albert. Avec ce ramdam, il aurait dû être réveillé depuis longtemps.

Hélène assiste, impuissante elle aussi, à l'affrontement entre les deux hommes. Elle se tord les doigts en attendant le verdict du médecin. Celui-ci dévisage longuement Victor, qui a fini par fermer les yeux. La transpiration mouille à présent son col de pyjama et son tricot de corps. Ses cheveux blancs et rares plaqués sur le crâne lui forment une espèce de couronne à la César.

Palmer hésite un moment, puis il jette l'éponge.

— Très bien. Puisque c'est ce que vous voulez, je ne peux pas vous obliger, monsieur Delerme. Mais je me décharge de toute responsabilité s'il devait vous arriver une nouvelle crise de ce genre avant ce délai, avec le type de conséquences que vous risquez… Nous sommes bien d'accord ?

Victor acquiesce du menton sans ouvrir les yeux. Hélène s'assied sur le lit et se prend la tête dans les mains. Ses épaules s'affaissent. Il me semble qu'elle pleure. Je me sens collé au sol, comme si toute la scène ne se passait plus réellement devant moi, comme si je la voyais uniquement à la télévision. L'entêtement de mon oncle est stupéfiant. Je ne connais pas une seule personne de mon entourage qui refuserait de se faire soigner avec ce qu'il a vécu cette nuit.

Palmer récupère sa sacoche de cuir sur le plancher, à la tête du lit, puis s'arrête une dernière fois avant de franchir la porte, se retourne vers Victor en secouant la tête et descend l'escalier sans ajouter un mot.

Quelques instants plus tard, le bruit de sa Renault 5 décroît dans la nuit après avoir fait crisser les graviers de l'allée.

Hélène se redresse, essuie subrepticement une larme et passe le gant mouillé sur le front de mon oncle, qui ouvre les yeux et lui sourit.

— Si tu as besoin d'aide, tatie... n'hésite pas, dis-je bêtement.

Bien sûr, qu'elle a besoin d'aide. Ça crève les yeux, même. Mais je ne sais pas quoi faire. Victor a repoussé celle du médecin en imposant un délai pour finir le travail aux champs. Une seule idée s'impose à moi : prendre sa place aux côtés d'Albert, pour qu'il puisse se reposer pendant ce temps.

Mais ce n'est pas le moment d'en parler. On discutera de tout cela demain matin, devant un bon café qui nous fera oublier les incidents de la nuit.

Les cours attendront trois jours.

Lorsque je descends l'escalier à 6 heures, les yeux encore gonflés par mon mauvais sommeil peuplé de cauchemars, Hélène est une nouvelle fois assise devant un bol de café froid. De larges cernes sombres s'étendent sous ses yeux, leur donnant un aspect terreux que je ne leur ai jamais vu. Elle n'a pas dû dormir de la nuit.

— Comment va-t-il ce matin ?

Elle soupire et me renvoie un regard las.

— Il dort.

Elle observe son bol un instant et reprend :

— Désolée pour cette nuit, Franck.

Je proteste.

— Non ! Non... franchement, tu n'y es pour rien...

— Tu n'es pas venu ici pour vivre ce genre de choses, Franckie. Si ça continue, ça va être pire que...

Elle se tait, consciente qu'elle a fait une erreur.

— Ça ne peut pas être pire que chez moi, dis-je d'un air buté.

Elle pose sa main sur la mienne.

— Pardon, ce n'est pas ce que j'ai voulu dire…

J'acquiesce en silence, gêné. Ce n'est pas la première fois que l'un de nous prononce cette phrase dans cette pièce.

Un moment mort se déroule, au milieu du son assourdissant du balancier de la comtoise qui égrène des secondes de malaise.

— Je pars aux champs avec Albert, dis-je enfin. Il n'est pas question que Victor sorte travailler.

Hélène va pour protester, mais cède devant mon expression déterminée. Elle se lève et remet la cafetière en route.

— Il sera là à quelle heure ?

Elle se détourne de la cuisinière et m'adresse un maigre sourire.

— Il y est déjà, Franckie…

Je la regarde, éberlué.

— Mais…

— Albert loge dans une autre aile de la ferme, Franck. C'est pour cela que tu ne l'as pas vu cette nuit, ni ce matin. Ça préserve un peu l'intimité de la vie de chacun.

— Mais… je n'ai pas entendu de tracteur, insisté-je.

Hélène sort un autre bol du placard de la cuisine et me sert un café bien chaud dont l'arôme me pénètre instantanément.

— C'est normal. Albert l'a laissé à pied d'œuvre dans le champ, hier soir. Il a voulu faire un tour aux girolles et rentrer par le bois.

— Quel champ ?

— Celui qui est juste après la Combe. Tu te souviens ? Tu longes l'abreuvoir, et tu prends le premier chemin sur ta droite. Ensuite, c'est tout droit jusqu'à la croix, et là tu coupes à gauche à travers le bois. C'est le plus court. Mais tu ne peux pas te perdre. D'ici que tu arrives à la croix, tu entendras le moteur du tracteur.

Je hoche la tête en buvant rapidement le café, tout en essayant de ne pas me brûler. Je me souviens parfaitement de cette croix de fer rouillé qui borde le chemin forestier empierré et bordé de barbelés. Avec Paul, nous nous imaginions plein d'histoires effrayantes lorsque nous passions à proximité. Des chevaliers enterrés dans la forêt, un sorcier banni du village et enseveli avec un signe chrétien au-dessus de sa tombe pour qu'il ne revienne pas hanter les vivants, un loup-garou sacrifié pour conjurer des maléfices… Il y en avait une nouvelle à chaque fois, et nous jouions à nous faire de plus en plus peur, jusqu'au jour où, enfin lassés, nous avons purement et simplement abandonné l'idée en même temps que la mue de notre petite enfance.

Je termine rapidement mon bol et je remonte m'habiller. Je me méfie du soleil et j'enfile un vieux jean et une chemisette, puis je me coiffe d'une casquette de base-ball à l'effigie d'une équipe de Chicago. C'est un copain de classe qui me l'a rapportée des États-Unis à Noël dernier, et je l'aime bien parce qu'elle me coupe la lumière du soleil au ras des yeux.

Avant de redescendre, je me dirige à pas de loup vers la chambre de mon oncle et pousse doucement le battant. La pièce est plongée dans la pénombre, mais je l'entends qui respire régulièrement. Il ronfle même un tout petit peu, d'une façon qui me paraît tout à fait paisible. La porte n'émet pas le moindre bruit lorsque je la referme derrière moi.

Lorsque j'arrive dans la cuisine, Hélène me tend un petit paquet roulé dans un sac plastique.

— Des sandwichs pour toi et Albert, dit-elle. Il y a une bouteille d'eau, aussi. Vous risquez de crever de soif aujourd'hui.

Je la remercie vivement et je sors dans la cour, le chien sur les talons. Elle a raison. Le ciel est d'un bleu déjà translucide et promet de laisser le soleil nous taper sérieusement sur la cafetière. J'ai bien fait de me couvrir un minimum, ça m'évitera de ressembler à une écrevisse ce soir.

Je passe derrière la grange et je m'enfonce dans le sous-bois par le petit chemin que j'ai emprunté la veille. Je me souviens qu'en coupant par la cabane de Paul, en obliquant pendant une petite demi-heure vers l'est, on arrive à une centaine de mètres de la croix, sur le chemin de la Combe.

Je suis accueilli par les moustiques. Je me dépêche de traverser le bois pour retrouver la zone découverte où ils ne se risquent pas.

J'entends le moteur du tracteur bien avant de rejoindre la croix. Le son m'arrive avec un léger vent qui me rafraîchit le front, séchant la sueur qui commence à perler sur ma peau.

Albert m'aperçoit lorsque je débouche au bord du champ. Il me fait un grand signe de la main, arrête sa machine et attend que je le rejoigne en roulant l'un de ces mégots qui n'appartiennent qu'à lui. Apparemment satisfait par le tube informe qu'il tient entre les doigts, il le glisse dans sa bouche et l'allume en plissant les yeux, comme s'il risquait de se brûler les pupilles avec son briquet à essence, puis il me tend la main.

— Salut, Franckie. Monte !

J'attrape sa poigne rugueuse et il me hisse sans effort près de lui. Il règne dans l'habitacle une odeur d'huile et de cambouis qui porte au cœur. Albert n'a pas l'air de s'en émouvoir. Il reluque avec un sourire le paquet que je tiens sous le bras.

— Aujourd'hui, on fait le grain ! me dit-il sans me préciser lequel. Demain, les foins.

À vue de nez, je dirais que c'est du blé, mais les petites touffes au bout des épis me font penser que je me trompe peut-être. J'acquiesce avec l'air du type qui a fait cela toute sa vie. Albert sourit de nouveau en silence.

— C'est de l'orge, me confie-t-il avec un clin d'œil en se penchant vers moi pour couvrir le bruit du moteur qu'il vient de relancer.

Je suis mort. Je n'en peux plus. Assis sous le porche, je sirote une limonade en restant appuyé au mur de la ferme. La nuit a fini par arriver au bout de cette interminable journée de canicule, apportant dans sa robe noire une promesse de fraîcheur qui se fait attendre. J'ai les bras en compote et je tiens difficilement mon verre à hauteur de mes lèvres. La douche m'a fait du bien, mais je me suis refroidi et mes muscles commencent déjà à me tirailler de partout.

J'ai l'impression d'avoir soulevé plus de poids aujourd'hui qu'au cours de toute ma vie. Et pourtant, le plus gros du travail est automatisé. Mais ce soir, les sacs de grains sont empilés bien au sec au fond de la grange et une partie de la récolte est en sécurité. D'ici à deux jours, l'essentiel sera fait. Il n'y aura plus d'inquiétude à avoir pour l'orage.

Je pensais me rendre au village après dîner, mais je tombe de fatigue et je remets le projet à un peu plus tard. Il est plus que temps d'aller me coucher.

Une chance, au moins, c'est que je n'ouvrirai pas un livre de maths ce soir…

7

6 juillet 1979, 9 h 19

Un bruit essaie de se faufiler jusqu'à ma conscience et je mets quelques instants à comprendre qu'il s'agit de petits coups frappés discrètement à la porte de ma chambre.

Je me redresse d'un bond dans le lit, avant de réaliser qu'il fait grand jour dehors, et que le soleil est suffisamment haut pour m'indiquer que je suis terriblement en retard. Je me jette sur ma montre posée sur la table de nuit.

9 h 20 !

Les petits coups reprennent sur la porte, discrètement insistants.

— Oui ? J'arrive ! dis-je en me précipitant sur mes vêtements.

Je m'habille en moins de temps qu'il n'en faut pour le dire et j'ouvre la porte en essayant de remettre un semblant d'ordre dans ma tignasse. Hélène est dans le couloir. Elle sourit. Je me détends instantanément. Il ne s'agit pas d'un problème avec Victor.

— Oh, je suis désolée de te réveiller, Franck…

— Non, c'est moi…, bafouillé-je. J'étais censé aller travailler avec Albert, ce matin. Tu parles d'un employé !

Elle rit franchement, cette fois.

— Albert a refusé que je te réveille. Il a dit qu'il ne voulait pas avoir ton bac sur la conscience. Victor est parti avec lui. Il a passé une très bonne nuit et se sentait d'attaque.

— Mais…

Hélène appuie doucement sa main sur ma poitrine.

— Ne t'inquiète pas. S'il y a un souci, Albert revient immédiatement avec lui. Tu ne dois pas te sentir responsable de ses actes, d'accord ?

Non. Je suppose que non.

J'acquiesce en hochant silencieusement la tête.

— Tu veux me faire plaisir ? ajoute ma tante avec un sourire indéfinissable.

— Heu… oui. Bien sûr…

Elle pointe le doigt sur mon tee-shirt.

— Alors, mets ce truc à l'endroit et enfile un pantalon. Il y a quelqu'un qui t'attend en bas.

Je dois vraiment avoir l'air d'un extraterrestre, car Hélène et Gwenaëlle éclatent de rire en même temps quand je pénètre dans la cuisine.

— Gwen ! analysé-je finement. Mais qu'est-ce que tu fais ici ?

La petite brune se tourne vers Hélène et elles échangent un regard complice.

— Ta tante préférait que j'attende à l'intérieur que tu sortes de ton lit plutôt que sous le soleil, gros flemmard. Ça risquait de durer assez longtemps, d'après ce que j'ai compris…

— Tu ne t'étais pas vanté d'avoir déjà fait une rencontre, me dit doucement Hélène.

Je lève les deux mains face au tir croisé.

— OK. Cessez-le-feu. Je me rends.

— C'est Isa qui m'a expliqué comment trouver la ferme, dit Gwen en venant à mon secours. Elle m'a *tout* expliqué.

Elle glisse un regard timide vers Hélène, dont l'expression est redevenue plus grave.

— En fait, continue-t-elle en se tournant vers moi, j'ai décidé d'accepter ton offre !

— Ah ? Laquelle ? ne puis-je m'empêcher de lui demander.

Elle penche un peu la tête et sourit.

Touché.

— Les deux…, dit-elle en plongeant ses yeux dans les miens.

Coulé.

Gwen est restée tout l'après-midi. Nous avons travaillé sur un long problème d'intégrales et de dérivées, et lorsque nous avons enfin réussi à percer à jour la solution de ce fatras de courbes et d'équations, nous avons scellé notre victoire d'un baiser au goût de miel. Le vilain Laurent a disparu de ma mémoire au même instant.

Apparemment, pas de celle de la belle brune.

— Il ne faut pas qu'il nous voie ensemble…, a-t-elle dit dans un souffle.

J'ai souri et l'ai embrassée, goûtant encore avec délice ses lèvres sensuelles.

— S'il te cherche des ennuis, il va me trouver. Ne t'inquiète pas.

Elle s'est redressée et m'a regardé bien en face.

— Ce n'est pas pour moi que j'ai peur, mais pour mon père.

J'ai froncé les sourcils, ne comprenant pas ce qu'elle voulait dire.

— Son père est le patron du mien. Je ne veux pas qu'il perde son travail à cause de moi.

J'ai serré les dents, incapable de digérer ce qu'elle me demandait alors que notre relation n'avait pas une journée.

Elle s'est assise devant moi sur le lit et a posé sa tête contre ma poitrine. Elle a parlé rapidement, à voix basse, elle a posé sa main sur mon bras, faisant dresser les poils de mon corps tout entier.

— Tu me plais beaucoup, Franck, depuis la première seconde où je t'ai vu. Mais si tu ne respectes pas ce que je te demande là, tu peux aussi bien me dire adieu dès maintenant. Je m'en vais et tu ne me reverras pas.

Elle a attendu, immobile, le souffle court, que je réponde. Ce n'est pas venu tout de suite. Il m'a fallu un moment pour m'interroger sur mes propres motivations. Qui étais-je, au fond, pour exiger d'elle qu'elle agisse selon mon bon vouloir ? Je n'étais là que pour six semaines, et il y avait de fortes chances que je ne remette plus les pieds ici pendant des années. Que deviendrait, alors, notre relation amoureuse que je voyais déjà passionnée et exclusive ? Que deviendrait son père une fois que j'aurais cassé une dent ou deux à ce merdeux de Laurent et que son père aurait foutu celui de Gwen dehors avec perte et fracas ? Je ne pouvais pas lui demander plus que je n'étais disposé à lui offrir moi-même.

J'ai pris sa tête dans mes mains et je l'ai regardée bien en face.

— C'est d'accord, Gwen. Au village, je ne t'approche pas.

Un trait de lumière a traversé ses yeux, et j'ai senti mon corps bouillir. Elle a tendu les lèvres vers moi.

— Mais ici…, a-t-elle ajouté dans un sourire, tu peux…

Elle a alors fait glisser son tee-shirt par-dessus ses épaules, et j'ai complètement oublié le baccalauréat de septembre.

Gwen est partie en fin d'après-midi. Je n'ai entendu ma tante rentrer dans la cuisine que lorsque le bruit de la mobylette de ma nouvelle conquête a disparu sur la route. Je ne sais pas ce qu'elle a fait durant tout le temps où nous étions dans ma chambre, mais je suppose qu'elle est sortie pour ne pas nous entendre. Je pense à mon oncle, mais je décompresse aussitôt. Lui aussi était dehors.

Histoire de ne pas descendre avec les yeux qui brillent trop intensément, je sors mon livre de physique et je me plonge dans un problème d'optique particulièrement ardu. Il va bien me falloir au moins ça pour penser à autre chose qu'à ce que je viens de vivre avec Gwenaëlle pendant deux heures…

L'appel d'Hélène me sort de la complexité de mon exercice qui m'a absorbé malgré moi. J'ai l'impression d'avoir eu le cerveau lavé au jet et de sortir d'une immersion complète dans le travail, ce qui ne m'était pas arrivé depuis longtemps. L'effet positif de ma relation avec Gwen commence déjà à se matérialiser.

Le dîner est prêt à être servi lorsque je descends enfin. Albert et Victor en sont à l'apéritif. Ricard pour Victor et une bière pour Albert. Albert ne boit jamais rien de plus fort que la bière. Un problème d'estomac, ou d'intestins, je ne sais plus. Ils discutent avec verve du travail du jour. Ils ont pratiquement terminé la plus grande parcelle de blé. Il ne reste plus que deux champs plus petits à moissonner et la récolte sera achevée. Le soulagement se lit sur le visage de mon oncle. Je surprends le regard lourd d'Hélène posé sur la bouteille d'apéritif. Je suppose que l'alcool n'est pas étranger à la bonne humeur de Victor, qui agrémente ses éclats de rire de longues lampées d'anis à 45 degrés.

— On va peut-être passer à table, les hommes ?

Mon oncle lance un œil de défi à sa femme.

— Un petit dernier avant, pour fêter ça!

Hélène fronce les sourcils, les mains sur les hanches.

— Palmer t'a formellement déconseillé de boire de l'alcool...

— J'emmerde Palmer et tous les toubibs! s'écrie Victor en se resservant une dose de Ricard. Ce n'est pas lui qui va me dire ce qui me fait du bien ou pas. Je buvais déjà du pastis avant sa naissance, et ça ne m'a jamais rendu malade! Qu'il aille se faire foutre!

Il remplit son verre d'eau et y jette de la glace d'un geste brusque devant l'air réprobateur de ma tante. La montée soudaine de la tension nous scelle les lèvres. Albert a dirigé son attention vers ses ongles qu'il entreprend de nettoyer avec la pointe de son canif. Hélène et Victor croisent le fer au-dessus de la table en se renvoyant des regards pleins de colère, et moi, je me demande pourquoi ce type de problème arrive dès que je mets les pieds quelque part.

Au bout d'un instant qui me paraît durer une éternité, Hélène se lève brusquement et va chercher la cocotte où mijote un poulet qu'elle a tué l'après-midi même. J'aperçois encore la tête sur la planche à découper, près des couteaux de cuisine fichés ensemble dans un socle en bois.

Hélène sert la viande, ainsi qu'une solide portion de haricots verts et de pommes de terre coupées en gros dés. Je sens la faim qui se réveille dans le fond de mon ventre, peut-être consécutive aux efforts que j'ai fournis un peu plus tôt dans la journée. Le souvenir de la peau douce de Gwen atténue un peu le malaise que je ressens devant l'agressivité affichée de Victor.

Je m'assieds enfin et plonge ma fourchette dans le plat fumant. Le silence s'éternise.

— Bon appétit!

Ma phrase tombe à plat mais, curieusement, l'atmosphère semble moins électrique. Albert me répond en attachant sa serviette autour de son cou. Victor grommelle quelque chose d'inintelligible en terminant son verre. Hélène me remercie d'un mouvement discret du menton.

— Bon appétit, Franck, me dit-elle. Tu dois être affamé…

Je lui glisse un regard en coin et surprends un sourire à peine esquissé. Inutile de me faire un dessin. Elle n'est pas tombée de la dernière pluie.

— Les études, ça travaille au corps…, ajoute-t-elle d'un air innocent en me resservant une aile de poulet.

Ses yeux sont aussi limpides qu'un verre d'eau de source. Je baisse le nez dans mon assiette et tente de faire oublier ma nuque cramoisie en la cachant sous mes cheveux longs.

Albert vient à mon aide sans le savoir.

— Reste plus grand-chose sur les petites parcelles, dit-il en piochant des patates. On ferait peut-être bien de s'occuper de clôturer le bas du champ de maïs, demain. Si les sangliers se mettent dedans…

Albert ne finit pas sa phrase. C'est inutile. Tout le monde a compris. Il y a longtemps que je sais que les suidés sont les pires ennemis des agriculteurs, ici comme ailleurs. Surtout avec le maïs.

Victor opine et me désigne de la pointe de sa fourchette pleine de sauce.

— Si tu veux venir nous filer un coup de main, fiston, c'est pas de refus… Il va y avoir sans problème du travail pour trois.

— Victor…, proteste Hélène.

Je lève la main avant toute dispute dont je pourrais devenir le centre de gravité.

— Merci, tonton ! dis-je joyeusement. Enfin un bon prétexte pour faire autre chose que de rester assis durant des heures devant mes cours.

J'avale ma bouchée de poulet et poursuis à l'intention de ma tante, qui regarde son mari d'un air renfrogné :

— Ah, tu vois que je peux me rendre utile autrement qu'en allant à la pharmacie, tatie !

Hélène baisse les yeux et n'émet pas d'autre commentaire. Un ange passe, et Victor me claque la main.

— Tope là, Franckie. Merci de ton aide. On a une centaine de mètres à fermer, c'est tout. Le reste du champ est fait, mais on a été pris de court avec les moissons qui sont en avance, à cause de la sécheresse. Il va aussi falloir que j'augmente le débit d'eau pour arroser les maïs, demain. Sinon, on va tout perdre avant qu'il soit mûr.

Albert hoche la tête.

— Le petit m'aidera pour la clôture pendant que tu installeras le rouleau, si tu veux… On finira tous les trois ensuite.

Victor acquiesce et empoigne la bouteille de vin rouge en lançant un regard noir à Hélène. Ma tante ne répond pas. Elle se lève pour aller chercher de l'eau au robinet. Elle pose ensuite le broc d'un coup sec sur la table, me faisant sursauter. Sa réponse silencieuse rallume le feu qui couvait dans les prunelles de mon oncle.

— Quoi ? aboie-t-il soudain en la dévisageant. J'ai pas le droit de boire un verre de vin ?

Il s'est penché en avant, les tendons du cou rendus saillants par la colère. Ma tante se raidit, les mains posées bien à plat de chaque côté de son assiette.

— Le docteur Palmer a dit que…

— Je me fous de ce que ce connard a dit ! hurle Victor dans un brusque accès de rage. Je veux qu'on arrête de me casser les couilles avec ces médecins qui veulent m'empêcher de faire ce que je veux !

Albert se lève sans un mot et prend son couvre-chef sur la patère. Son visage est impénétrable. Il sort en nous gratifiant d'un bonsoir mesuré. Cette querelle ne le concerne pas et il ne souhaite pas y être mêlé, ce que je peux comprendre.

La porte se referme sur lui, mais je remarque qu'il lance un regard à Hélène avant de disparaître. Quel est le sens de ce regard ? Je n'en ai pas la moindre idée. Le pêne se remet en place lentement, comme si Albert le retenait pour qu'il ne claque pas trop fort dans le silence chargé de poudre.

Ma tante se lève et débarrasse son assiette qu'elle entreprend de laver dans l'évier. Je suppose qu'il s'agit plus de se donner une contenance qu'autre chose, puisque Victor et moi n'avons pas terminé la nôtre. Comme pour marquer une victoire acquise de haute lutte, Victor vide son verre d'un trait et s'en ressert un autre.

Son attitude génère des picotements désagréables dans ma mémoire. Je réalise que ses yeux sont un peu troubles, juste le peu qu'il faut pour qu'on se rende compte qu'il est sous l'emprise de l'alcool. Dans quelques minutes, je sais que ses pupilles vont se dilater, ses oreilles vont commencer à bourdonner et les couleurs vont lui paraître plus vives, chatoyantes. Il va devenir de plus en plus volubile, de plus en plus agressif, aussi. Je connais ça. Je connais ça même *très* bien. Son attitude n'est pas très éloignée de celle de mon père, le grand Michaël Servin, chef comptable au service du Trésor public, alcoolique invétéré, casseur de gueule de conjointe, et peut-être actuellement sodomite malgré lui en maison d'arrêt.

Une pensée me vient. *Victor a-t-il déjà frappé ma tante ?* Je les observe tous les deux, l'une tournant un dos réprobateur à l'autre. Impossible de me faire une opinion. Je dirais que non, mais comment en être certain ? Victor a tellement changé par rapport à l'homme dont je gardais jusqu'à présent, dans mon souvenir, la silhouette robuste et le caractère jovial. Se pourrait-il qu'il se soit complètement métamorphosé ?

La disparition de Paul a visiblement creusé un fossé profond entre eux. Je ne me souviens pas de les avoir jamais vus se déchirer ainsi en ma présence. C'est peut-être aussi parce que j'étais plus jeune et plus imperméable à ce type d'incident, d'autant qu'ils étaient fréquents à la maison.

Mon oncle boit lentement son verre, prenant tout son temps pour provoquer Hélène. Ma tante fait semblant de ne pas voir son manège et continue sa vaisselle, même si je suppose qu'elle doit commencer à être très propre. Victor se lève alors et sort pour fumer une cigarette sur la terrasse en claquant la porte. Je vois le dos de ma tante se voûter. Elle s'appuie sur l'évier et baisse le menton entre ses seins. Je n'ose pas m'approcher. Leur conflit est au-delà de ce que je peux maîtriser. Il me semble qu'il est déjà bien ancré et qu'il a pourri leur relation depuis longtemps, comme cette guerre larvée que j'ai vu ronger le couple de mes parents à petit feu.

Je finis de débarrasser la table, la nausée au bord des lèvres. J'assiste au même film désespérant que chez moi. Le même scénario, les mêmes visages heurtés par les sentiments violents qui les déforment, les déshumanisent. Les mêmes ondes négatives paralysent les témoins qui assistent, impuissants, à l'empoignade.

— Je suis désolée…, dit alors Hélène en tournant vers moi un visage larmoyant. Je ne souhaitais pas que tu voies ça…

Quelle alternative que de mentir avec le plus d'aplomb possible ?

— Ce n'est pas grave, tatie. Ne t'en fais pas pour moi. Moi, c'est pour lui que je suis inquiet.

Elle saisit son torchon et essuie nerveusement une assiette déjà sèche. Elle secoue la tête de gauche à droite pour souligner son propos.

— Il est comme ça depuis la mort de Paul, m'avoue-t-elle, mais il n'avait jamais été aussi agressif que depuis ces trois dernières semaines. Depuis qu'il a ces brusques malaises qui le laissent complètement vidé. Je ne sais pas ce qui se passe, Franck… Je n'y comprends rien…

Elle va pour appuyer son front sur mon épaule, mais le bruit de la porte la pousse à se retourner instantanément vers l'évier. Victor passe derrière elle et me met une claque sur l'omoplate.

— Alors, toujours d'accord pour demain matin ?

Son air est enjoué et toute trace d'emportement a disparu de sa voix. Je joue le jeu avec le plus d'entrain possible.

— Bien sûr, mon oncle ! Je serai sur le pont à 6 heures pétantes !

— Parfait, fiston ! À demain ! Je vais me coucher.

Puis, sans un regard pour sa femme, il grimpe pesamment l'escalier menant à l'étage. Son souffle entrecoupé par la montée des marches disparaît lentement, laissant un grand vide derrière lui dans la cuisine.

Je dépose le reste des couverts sur la paillasse, mais Hélène rejette une mèche en arrière et secoue la tête, la mine grave.

— Laisse, je vais le faire. Si tu peux t'avancer encore un peu ce soir, fais-le. Mais ne te couche pas trop tard. Tu vas avoir besoin de toutes tes forces, demain.

Je ne proteste pas, trop heureux d'échapper enfin à l'ambiance poisseuse qui s'est emparée de la pièce.

— Franck !

Je me retourne, un pied sur la première marche.

— Très jolie, ton amie. Vraiment.

Elle baisse les yeux sur la vaisselle.

— Profites-en bien…, murmure-t-elle.

De Gwen ? De la jeunesse ? Des illusions qui ne nous ont pas encore quittés ? Un peu de tout, probablement. Je ne juge pas utile de répondre. Hélène a gardé la tête tournée vers le mur.

— *Franck !*

C'est le cri d'Hélène qui me réveille. Je reçois un grand coup au cœur, et je me dresse d'un bond. Il n'y a pas eu de choc sur le plancher, cette fois, j'en suis certain. Depuis deux nuits, je dors avec mon caleçon et je ne peux penser qu'à ce détail idiot en me précipitant vers la chambre de mon oncle et ma tante.

Victor gît à la renverse, le corps traversé par des spasmes qui le font vomir par jets discontinus. L'une de ses mains agrippe désespérément un oreiller dans une tentative dérisoire de se retourner, mais une contraction de son abdomen l'en empêche et il crache encore une fois un mélange de bile, d'alcool et de nourriture à l'odeur âcre.

Je repousse Hélène qui se tient la tête dans les mains, proche de la crise de nerfs, et je tourne Victor sur le flanc pour lui éviter de s'étouffer. Il a les yeux révulsés, mais je suis déjà rodé par ce qui s'est déjà déroulé ici il y a deux jours. J'ai la sensation curieuse et parfaitement erronée d'être maître de la situation.

— Le Samu, Hélène ! Cette fois, appelle directement le Samu ! Je m'occupe de lui !

Tandis que les pas de ma tante se hâtent dans l'escalier, je décale le corps de mon oncle pour qu'il ne baigne pas dans son vomi. Je vérifie qu'il n'a pas les trous de nez englués, puis j'ouvre la fenêtre en grand pour faire rentrer le plus d'air possible. Je file ensuite dans la salle d'eau mouiller une serviette que je viens lui étaler sur le torse et le visage. D'en bas me parvient la voix hystérique de ma tante qui tente d'expliquer au médecin du Samu les symptômes de mon oncle.

À l'aide d'un coin du linge, je lui lave la commissure des lèvres, le menton et le cou. J'étale ensuite sur les draps souillés une vieille couverture que j'ai trouvée dans le dernier tiroir de la commode.

Ses yeux reviennent lentement à la normale, comme la fois précédente. Ce soir, en revanche, j'assiste en direct à la scène et c'est plutôt impressionnant. Je me penche sur Victor et lui tamponne les tempes, ne sachant pas quoi faire de mieux en la circonstance.

— Victor ! dis-je d'une voix que je souhaite rassurante. Victor ! Tout va bien se passer… Le Samu est en route. Tout va bien se passer…

C'est curieux comme, quand on a manifestement la preuve que tout va au plus mal, on peut garder quand même au plus profond de soi un déni de la plus cinglante évidence. Victor présente tous les signes que sa santé est en équilibre sur le fil du rasoir. Je ne trouve rien de mieux à lui dire qu'une banalité affligeante et totalement irréaliste…

Je passe la main sur son front brûlant, essayant d'oublier qu'il est peut-être un peu responsable de son état, qu'il paie les excès de ce soir.

— *Victor… Tout va bien…*

La main de mon oncle jaillit des draps et me saisit l'avant-bras avec une force étonnante. Je fais un bond en arrière, mais sa poigne ressemble à celle d'un lutteur. Il essaie de parler, n'y parvient pas. Il me désigne sa bouche de son autre main, puis son ventre. Il secoue la tête, comme pour me faire comprendre quelque chose.

Dans mon dos, ma tante arrive en courant et pousse un cri.

— *Oh ! Dieu soit loué ! Victor !*

Elle se jette à genoux près de lui et pleure à chaudes larmes en se laissant aller contre le mur.

Je sens soudain un froid glacial envahir mes membres, comme un compte-gouttes empoisonné. Car ce que je viens de lire dans les yeux de mon oncle, quand il a tourné son regard vers Hélène, puis vers moi, est l'expression de l'épouvante la plus absolue.

8

13 juillet 2011, 19 heures

Dès ce soir-là, lorsque mon oncle a été admis aux urgences de l'hôpital de Guéret, j'aurais dû me douter de quelque chose. La mort était pourtant venue, en pleine nuit, glisser ses doigts dans mes cheveux, essayant de me faire un signe que je n'ai pas compris.

Ou bien que j'ai refusé de voir. Je ne sais pas. Mais tout était déjà là, devant mes yeux aveuglés par un miroir aux alouettes tellement vicieux qu'il en était inimaginable…

Je détaille les lieux autour de moi. La décrépitude de la maison me fait peine à voir. Elle n'a pas été habitée depuis plus de vingt ans. L'humidité s'est introduite dans les murs, marbrant d'auréoles brunes les plâtres du plafond. Les fenêtres gonflées, au vernis craquelé à moitié disparu, sont complètement bloquées. Je n'ai pu en ouvrir une seule. Curieusement, l'eau n'a jamais été coupée, contrairement à l'électricité. Je sais que ce soir je devrai m'éclairer à la bougie. J'en ai retrouvé une boîte, au fond du placard de la cuisine, là où Hélène les gardait précieusement, au cas où le compteur viendrait à sauter, ce qui arrivait de temps en temps, les soirs d'orage.

Les photos accrochées au mur ont viré à une espèce d'ocre uniforme. Les visages sont à peine discernables. Il faut vraiment se mettre juste devant et savoir qui était dessus pour pouvoir espérer identifier qui que ce soit. De toute façon, ça n'a aucune importance, aujourd'hui, plus personne ne les réclamera.

Je contemple la carafe d'eau que je viens de vider. J'ai envie de m'en resservir un verre. Il faut que je termine avant qu'il soit trop tard, et il me reste encore pas mal de choses à raconter. Je me lève avec difficulté et j'attends que le robinet crachote une eau aux reflets verdâtres que les tuyaux n'ont pas complètement évacuée. J'aperçois mon reflet dans la vitre de la cuisine, occultée par le volet que je n'ai pas pu ouvrir. Des graminées se sont glissées entre les bois disjoints et le verre de la fenêtre. J'imagine ce que ma tante penserait, elle qui aimait tant que tout soit en ordre et chaque chose à sa place, prête à servir…

9

7 juillet 1979, 6 h 13

Un couloir d'hôpital sent la maladie et la mort. Je n'ai jamais pu m'ôter cette idée macabre de la tête. J'ai beau me raisonner en me disant que plus de gens en sortent soignés qu'il n'en meure, cette verrue cérébrale s'impose dès que je franchis une porte comme celle que je viens de pousser devant Hélène.

Le fourgon du Samu est arrivé à la ferme en moins de trente minutes, malgré l'heure matinale. Victor a été pris en charge par un médecin peu loquace, mais d'une efficacité impressionnante qui l'a immédiatement placé sous oxygène. Les infirmiers l'ont allongé sur une civière et installé à l'arrière du véhicule, le toubib sur les talons.

Hélène et moi sommes restés quelques interminables instants pour rassembler des affaires, puis j'ai chargé la valise sur la banquette arrière de la 2 CV pendant qu'elle allait réveiller Albert et le mettre au courant. Nous avons ensuite roulé en silence tout le long des trente kilomètres qui nous séparaient de l'hôpital, plongés dans nos pensées.

À l'approche des premiers faubourgs de la ville, ma tante a paru respirer un peu plus librement. Le centre hospitalier étant situé à la périphérie du bourg, à l'opposé de la Renardière, nous y sommes parvenus après avoir traversé ses rues endormies. Seuls quelques camions de livraison matinaux se hâtaient entre les feux qui rythmaient la route.

Hélène s'est garée assez loin sur le parking presque vide des urgences. Nous sommes entrés par une porte battante donnant sur l'accueil et cette odeur entêtante qui me donne la nausée.

L'infirmière marche devant nous d'un pas vif. Victor est au premier étage. Elle nous a brièvement expliqué qu'il est sous sédatifs et qu'on procède actuellement à des examens de sang. Son état n'inspire plus d'inquiétude dans l'immédiat, mais il doit rester en observation, le temps que tous les résultats des analyses soient décortiqués.

Lorsque la jeune femme en blanc s'efface devant la porte de la chambre où repose mon oncle, Hélène et moi poussons un soupir de soulagement. Il a l'air de dormir profondément. Son visage est redevenu normal. Il semble presque goûter une bonne nuit de sommeil. Ses bras reposent le long de son corps, détendus, sous l'effet bienfaisant du produit qui s'égoutte lentement de la poche translucide reliée à son bras.

Hélène s'approche timidement du lit en acier, les yeux voilés d'appréhension. Je ne peux m'empêcher de me demander ce qui a tellement effrayé Victor, cette nuit, et pourquoi il m'a jeté ce regard empli d'effroi quand elle est entrée dans la chambre en se précipitant à son chevet.

Une terrible sensation glacée envahit mon esprit, contre laquelle je ne peux rien faire d'autre que revenir en boucle vers la même question.

Qu'a-t-il voulu me dire ?

Nous sommes assis là depuis plusieurs heures lorsqu'un médecin pénètre dans la chambre, suivi d'un interne et de deux infirmières. Je suppose qu'il s'agit de l'équipe de jour. La première, plus jolie que la seconde, sent le savon et un parfum sucré qui me rappelle au monde des vivants. Elle me jette un regard indifférent et s'avance pour vérifier que la perfusion est toujours en place. Jugeant le niveau du liquide trop bas, elle la change pour une poche neuve tandis que le médecin prend le pouls et la tension de Victor.

Hélène et moi nous sommes écartés du lit pour laisser approcher le personnel médical. L'interne se tient un pas en arrière, observant avec attention le toubib travailler. Je ne comprends pas bien pourquoi ils sont tous aussi silencieux, se consultant du coin de l'œil comme s'ils avaient discuté de son cas avant même d'entrer dans la pièce.

Le praticien relève une série de mesures sur la feuille de suivi accrochée au pied du lit, puis il fait discrètement signe à son équipe de sortir. Il reste seul avec nous, le menton appuyé sur un pouce relevé, les bras croisés sur la poitrine, les yeux fixés sur la silhouette de Victor à moitié dissimulée par les draps immaculés.

Je sens qu'il y a un malaise avant même qu'il ouvre la bouche. Il va nous annoncer une mauvaise nouvelle. Je romps le silence malgré moi.

— Qu'est-ce qui se passe, docteur ? Qu'est-ce qui arrive à mon oncle ?

Le médecin tourne le regard un instant vers moi, puis reporte son attention vers le corps immobile de Victor. Il secoue la tête lentement.

— Je ne sais pas, dit-il au bout d'un instant. Je ne sais pas ce qu'il a…

J'ouvre des yeux ronds.

— Mais… Les examens… ?

Il soupire et me regarde franchement, cette fois. Un peu trop directement, même. Ses yeux perçants me mettent mal à l'aise, comme si je devais me sentir coupable de quoi que ce soit.

— Les premiers examens n'ont rien donné, monsieur…

— Servin. Franck Servin. Je suis son neveu.

Il hoche la tête.

— Il va falloir attendre l'analyse toxicologique complète du laboratoire.

J'ai peur de ne pas avoir bien compris.

— *Toxicologique ?* Mais qu'est-ce que ça veut dire exactement ?

Le médecin me considère d'un air grave, et j'ai soudain envie de me retrouver très loin d'ici.

— Je pense que votre oncle a consommé quelque chose qui est en train de lui empoisonner le sang, monsieur Servin. Savez-vous s'il a mangé des champignons, récemment ?

Mes yeux tombent sur le visage effaré d'Hélène. *Des champignons ?* Oui, nous en avons tous mangé il y a deux jours. Albert les a trouvés dans le bois de la Combe, ce que nous avons tous considéré comme un miracle, vu la sécheresse.

Le toubib voit ma main se poser instinctivement sur mon estomac. Il lève la main pour me rassurer.

— Si vous aviez dû être intoxiqué, vous auriez déjà ressenti les mêmes symptômes. Votre oncle développe peut-être une réaction allergique à l'un des composants chimiques de ce champignon. De quelle espèce s'agissait-il ?

— Des girolles, dit ma tante. C'est notre employé qui les a ramassées. Il fait presque partie de la famille, et il les récolte depuis plus de cinquante ans…

Le toubib hoche la tête et consigne ce qu'Hélène lui dit sur un bloc vierge.

— Vous pensez qu'il a pu se tromper et mettre un autre champignon toxique dans le panier avec les girolles ?

Il lève les yeux et considère ma tante avec un regard froid.

— Je ne crois pas, non…

L'air perdu d'Hélène me pousse à intervenir.

— Qu'est-ce que vous voulez dire ?

L'homme m'ignore superbement. Il continue de la fixer avec attention.

— Je viens de téléphoner au docteur Jouve, madame Delerme. Il m'a dit que vous lui aviez demandé de ne plus venir chez vous en consultation, et que votre mari souffre depuis plusieurs semaines.

— C'est Victor qui m'a demandé d'appeler un autre médecin, précise Hélène. Il ne supportait plus que le docteur Jouve veuille lui imposer toute une batterie d'examens. Il m'a demandé de contacter le docteur Palmer.

— Et ce docteur Palmer, qu'est-ce qu'il vous a conseillé ?

Hélène baisse les yeux.

— De lui faire passer les examens, dit-elle d'une voix atone.

— C'est Victor lui-même qui a refusé, interviens-je. J'étais dans la pièce quand ça s'est passé.

Je ne sais pas pourquoi, mais je ressens l'urgence de défendre ma tante, comme si elle se trouvait face à un policier en train de l'interroger. Comme si je devais l'innocenter. Tout bien considéré, l'urgentiste est en train de l'accuser de négligence coupable.

Le toubib se tourne enfin vers moi. J'enfonce le clou.

— Il lui a dit qu'il accepterait après la fin de la récolte, à cause de l'orage. Il lui a demandé trois jours.

Je regarde son badge.

— Docteur Carrier, le mieux serait de l'interroger quand il reprendra connaissance, vous ne croyez pas ?

Carrier me dévisage comme si je venais de l'insulter.

— Vous vous imaginez que j'attends que mes malades se réveillent avant de tenter de savoir ce qu'ils ont ? me lance-t-il d'un ton agressif.

Décidément, les toubibs me tapent sur le système, par ici.

— Je vous dis qu'il confirmera ce que vous dit ma tante, c'est tout.

Carrier prend un air maussade. Cette histoire ne lui plaît pas. Il doit avoir un peu plus de cinquante ans. Les cas qu'il n'arrive pas à comprendre doivent être de plus en plus rares. Il doit les prendre avec des pincettes, avec une frustration proportionnelle à la difficulté du diagnostic.

— Les trois prochains jours, c'est ici qu'il va les passer, conclut-il d'une voix ferme qui ne souffre pas la contradiction. Il a besoin de repos et d'un bon nettoyage de l'estomac.

Il a repris un air professionnel et son visage ne laisse rien transpirer de ses sentiments.

— Je vais m'occuper de lui. Vous pouvez rentrer chez vous. Je vous appelle dès qu'il ouvre un œil. Il faut le laisser se reposer, maintenant.

C'est plus un ordre qu'un conseil et nous nous exécutons de mauvaise grâce. Quelques minutes plus tard, nous nous retrouvons sur le parking de l'hôpital, les bras ballants. Hélène observe les murs aux petites vitres masquées par des rideaux à cause de la chaleur qui va bientôt s'abattre sur la ville.

— Tu veux que je conduise ?

Elle me tend les clés d'un air absent.

— Si tu veux…

Une fois derrière le volant, je me rends compte que le levier de vitesse de la 2 CV, une poignée bizarre qui s'enfonce sous le tableau de bord, ne ressemble pas à ce que j'ai pratiqué depuis mon permis. Un peu déstabilisant, au départ, mais l'emplacement des vitesses est inscrit sur le pommeau et la première passe toute seule. J'avance au ralenti en cahotant entre les emplacements vides, puis je m'engage avec précaution sur la route du retour. J'ai l'impression de conduire un tacot du siècle dernier. Il ne me manque plus que le casque en cuir, l'écharpe blanche et les lunettes d'aviateur…

Hélène regarde au loin par la vitre ouverte, où elle a glissé son coude. Ses cheveux volent en désordre autour de son visage fermé. Je la soupçonne d'essayer de se retenir de pleurer. Alors, je la laisse tranquille. J'attends qu'elle se décide à parler la première. Le moteur fait un raffut de tous les diables et nous permet de rester chacun dans notre bulle.

La ville ne tarde pas à laisser la place à la campagne. Les habitations s'espacent le long de la route. C'est une chose que je ne connais pas en banlieue, où il faut souvent faire des kilomètres avant d'apercevoir un vrai carré d'herbe digne de ce nom.

Les minutes passent et je ne trouve toujours rien à dire pour détendre l'atmosphère. Ces brusques malaises de Victor sont incompréhensibles, même pour le médecin. Mes pensées tournent sans but comme un hamster dans la roue de sa cage. Je n'ai pas aimé l'attitude de ce Carrier. Il avait l'air de sous-entendre que ce qui arrivait à mon oncle était notre faute. Hélène n'y peut rien, si ce vieux paysan est têtu comme une mule, tout de même !

La colère me gagne insidieusement. Je serre le volant et les dents en silence, les yeux braqués sur la route.

Malgré la vitesse réduite de la voiture, les kilomètres défilent assez rapidement. Je parviens à Valloise en une vingtaine de minutes.

— Tiens, arrête-toi devant la boulangerie, dit soudain ma tante. Je vais prendre de quoi nous faire un bon petit déjeuner. Nous avons bien besoin de ça.

Je gare la 2 CV le long du trottoir, juste devant la boutique. Hélène s'y engouffre sans m'attendre. Je décide de ne pas la suivre. Elle a peut-être besoin d'être seule un instant, ou de parler à la boulangère, je n'en sais rien. Je coupe le moteur et patiente en tapotant sur le montant de la portière. J'observe la rue d'un œil morne, comme si Gwenaëlle pouvait se matérialiser devant mes roues par magie – de toute façon, elle ne voudrait pas que je l'approche, à cause de son encombrant cocu. Un vieux chat miteux traverse la chaussée déserte en traînant ses abattis d'un jardin à l'autre, en quête d'une improbable souris paralytique.

La poussière de la route vole dans une lumière dorée rasante, me rappelant que la chaleur va bientôt se renforcer. Je m'enfonce dans le siège, les doigts croisés derrière le crâne. Je ne peux plus m'ôter l'idée que mon oncle a voulu me transmettre un message, cette nuit, tandis qu'il se croyait à l'article de la mort. Il avait l'air tellement angoissé, tellement *terrorisé.*

Venait-il de faire un cauchemar, juste avant d'être terrassé par sa crise ? Avait-il une raison quelconque d'avoir peur en voyant ma tante entrer dans la chambre ?

Je repousse cette idée avec force. Son esprit malade, à la perception déformée par son accès de fièvre, lui aura fait confondre Hélène avec une ombre malfaisante issue de ses délires. Une apparition de la Faucheuse, peut-être. Comment penser que ma tante puisse inspirer de la frayeur à quelqu'un ?

Une femme âgée marche sur le trottoir, avançant vers la boulangerie à petits pas. C'est la première personne que je vois dehors depuis que nous nous sommes arrêtés. Elle me jette un regard soupçonneux et pousse sèchement la porte de la boutique avec sa canne. Je la suis des yeux tandis qu'elle pénètre à l'intérieur et je surprends alors Hélène qui se redresse vivement au-dessus du comptoir. Une main quitte rapidement sa joue. J'ai à peine eu le temps de la voir, mais j'ai compris : cette main intime se voulait consolante, apaisante, *aimante.* La boulangère est en fait un boulanger aux larges épaules d'environ quarante-cinq ans, aux cheveux bruns coupés en brosse. Il regarde l'intruse avec une expression de frustration inimitable.

Hélène, elle, a les yeux fixés sur les miens. Elle les baisse vers le sol tandis que la porte se referme entre nous.

Les cinq minutes du retour à la ferme vont être les plus longues que j'ai vécues depuis mon arrivée. Même les crises de Victor ne m'ont pas déstabilisé à ce point. Hélène ne m'adresse pas un seul mot pendant le trajet, le visage obstinément tourné vers les champs.

Je me sens mal, presque coupable d'avoir surpris quelque chose que je n'aurais jamais dû voir. Au bout d'un moment, n'y tenant plus, je m'arrête au bord de la route, à l'ombre d'un gros chêne, à l'entrée d'un chemin qui s'enfonce entre les fougères.

— Écoute, Hélène…, dis-je sans savoir exactement vers quoi je me dirige, je…

— Ça fait un an et demi, me coupe-t-elle d'une voix blanche. Un an et demi que je remonte la pente, que j'arrive à retrouver un sens à ma vie.

Elle tourne vers moi un visage ravagé par l'émotion. Je me sens sale. Sale de l'avoir surprise dans un moment intime qui ne m'appartenait pas.

— Ça ne me regarde pas, tatie… Tu…

— Je sais ce que tu penses, Franck. Mais il ne s'agit pas de ça.

Elle cherche ses mots, et tout à coup je ne trouve plus les miens.

— Je ne sais pas si tu peux t'imaginer ce que représente la mort d'un enfant, pour une mère, Franck. Mais ce dont je suis certaine, c'est qu'il n'y a pas de douleur plus atroce, plus brutale et plus injuste que celle-là. Ton…

Elle hésite, mais elle est allée trop loin pour reculer.

— …Ton oncle passe ses nerfs sur moi depuis la mort de Paul. Je ne sais pas pourquoi il me harcèle comme ça, mais il est devenu complètement invivable, depuis quatre ans. Tu n'as pas la moindre idée de ce qu'il m'a fait subir, en plus du chagrin d'avoir perdu ton cousin dans ces circonstances si… tragiques.

Une larme coule sur sa joue. Elle l'essuie d'un geste rageur. Elle regarde fixement devant elle, et je lis dans son attitude une volonté dont je ne l'imaginais pas capable.

— Alain Soulange a installé sa boulangerie ici il y a deux ans. Il… il est veuf. Sa femme est morte d'une pleurésie juste avant la naissance de leur enfant. Les médecins n'ont pas pu le sauver non plus.

— Ça vous a fait un point commun…, ne puis-je m'empêcher de commenter.

Elle hoche la tête.

— Oui, c'est Victor qui a mentionné ce sujet un jour devant lui, un dimanche matin où il était venu au village avec moi. Ils ont fait connaissance au café, sur la place, pendant que j'assistais à la messe. Victor avait bu un peu trop de vin blanc. Il s'est répandu sur notre vie de famille en offrant des détails sordides à toute l'assemblée. Je… Je l'ai haï pour ça. Je crois que j'aurais pu…

Elle ne termine pas sa phrase, regarde vers les bois, et je vois les veines de son cou se gonfler sous l'effort violent qu'elle fait pour se contrôler.

— Alain a été dégoûté par l'attitude de Victor, continue-t-elle. Et il l'a évité, par la suite. Quelque temps plus tard, je suis allée chercher du pain juste avant la fermeture. J'étais en retard à cause de la traite, qui avait duré plus longtemps que prévu en raison d'une panne du matériel. Alain allait fermer la boutique quand je suis arrivée. Il m'a laissée entrer et nous avons discuté un moment.

— Écoute, tatie..., dis-je, gêné par la tournure que prend la conversation. Tu n'as pas à me raconter tout ça...

Elle se tourne vivement vers moi.

— Je ne te l'aurais pas raconté si tu ne nous avais pas surpris, Franck. Tu n'es pas idiot. J'ai bien vu que tu avais tout compris en une seule seconde. Je... je veux que tu saches que je ne suis pas une traînée. Cet homme m'a empêchée de devenir folle, Franck. Est-ce que tu peux comprendre ça ?

Je ne réponds pas, saisi par la violence exprimée par son visage. Elle est arc-boutée contre la portière, comme si je l'avais acculée dans ses derniers retranchements. Elle repousse une mèche de ses cheveux blonds, qui lui barre le front jusqu'aux yeux.

— Je n'ai pas honte de ce que je fais avec lui, dit-elle d'une voix tremblante. C'est impossible à vivre au grand jour, mais je n'en ai pas honte... C'est beau et tendre comme quand on est adolescent, comme...

Elle s'écroule alors sur le tableau de bord et éclate en sanglots, le corps secoué par des années passées à tenter d'échapper à un flot de sentiments impétueux. Je la contemple comme si je la voyais pour la première fois, ému par le désespoir qui transpire de tout son être.

Qui suis-je, après tout, pour porter un jugement sur son comportement ? De quel droit la condamnerais-je, drapé dans mon indignation aveugle ? Ce n'est pas moi qui vis avec Victor tous les jours et c'est vrai qu'il a l'air de ne pas être commode avec elle. De là à savoir ce qui se passe exactement dans leur vie de couple, ou dans leur lit, je ne suis pas le mieux placé pour émettre une opinion à ce sujet. Je suis le fils du grand Michaël Servin, celui qui fracasse le nez de sa femme à coups de casserole dans la figure. Un exemple de mari, lui aussi.

Je pose une main hésitante sur son épaule pour lui faire comprendre que je ne suis ni juge, ni partie.

Elle se calme lentement et ses sanglots s'apaisent petit à petit. Nous restons ainsi immobiles, en silence, tandis que la chaleur commence à se lever. Le soleil a un peu bougé. Il tape à présent sur la capote noire de la 2 CV. Afin de ne pas cuire dans la voiture et de laisser Hélène reprendre complètement ses esprits, je sors de l'habitacle et découvre le toit roulant, que je fixe solidement à l'arrière avec les lanières.

Lorsque je reprends ma place derrière le volant, Hélène m'adresse un sourire timide. Je lui en renvoie un autre aussi embarrassé. Nous restons quelques secondes à nous dévisager, cherchant dans le regard de l'autre ce qu'il pense sans oser le dire.

— Tu veux voir où ça s'est passé, exactement, me demande-t-elle soudain.

Je la fixe, interloqué.

— Eh bien…

— Je sais que tu es déjà venu te recueillir à l'endroit où Paul est mort, dit-elle d'un ton encore voilé par l'émotion.

Elle se racle légèrement la gorge pour se libérer la voix.

— Mais j'ai pensé que tu aimerais comprendre…

— C'est là, dit-elle dans un souffle, le poing serré devant ses lèvres.

J'ai garé la voiture le long du talus et me tiens à côté d'elle, juste au-dessus de l'amas de roches que Paul a dévalées le jour de sa mort avant de finir sa course dans le lac. À mes pieds, je ne vois que des herbes sauvages entre les pierres. Pas la moindre trace de la chute de mon cousin et de son cyclomoteur. Pas de trace d'huile sur le roc, pas de morceaux de rétroviseur… Cela s'est passé il y a quatre ans. La nature a repris ses droits sur le drame. La végétation a repoussé là où elle a été arrachée, et l'endroit semble paisible sous les vrombissements des insectes et les cris des canards.

— Où a-t-il quitté la route ? demandé-je à voix basse.

Elle frotte son pied sur les gravillons, au bord de la chaussée.

— Juste là. Près de ce caillou blanc inclus dans le bitume. Il y avait une marque de dérapage sur les gravillons, en provenance du village. Sa mobylette était couchée en bas, là, à gauche de l'acacia.

J'acquiesce lentement du menton, essayant de voir la scène. Lorsque je suis venu ici la dernière fois, j'étais tellement bouleversé par la mort de Paul que je n'ai rien pu voir d'autre que la douleur, aveuglé par mes propres sentiments. Aujourd'hui, c'est comme si la présence de ma tante les focalisait sur elle, me laissant libre de voir les choses en face, dans leur nudité la plus crue.

— Et lui, il était où ?

Je pose la question d'un air détaché, sans la regarder, comme le ferait un enquêteur d'assurances ou de police, en m'éloignant le plus possible de l'image du corps ensanglanté de mon cousin.

— Là, dit-elle en tendant l'index vers un amas de nénuphars qui poussent au bord de la berge. Il… il était dans l'eau.

Je regarde le lac, les fleurs aquatiques, l'endroit où la mobylette s'est écrasée après son vol plané, puis je reviens au petit caillou blanc figé dans le bitume.

Hélène me parle, mais brusquement je n'entends plus le son de sa voix. Je ne perçois que les battements de mon cœur et les à-coups de mon cerveau pour comprendre comment Paul a pu être éjecté à plus de quinze mètres de l'endroit où son engin s'est écrasé contre un arbre, dix mètres à peine en contrebas de la route.

Et pourquoi la marque du dérapage sur les gravillons n'a pas été consignée dans le rapport de la gendarmerie.

10

7 juillet 1979, 23 h 03

Je planche sur les maths depuis plus de trois heures et je n'ai pas avancé d'une page sur mes exercices. Les équations se dérobent, insaisissables, glissantes comme des savonnettes humides. Le lac est en surimpression permanente derrière mes paupières, même quand je ferme les yeux pour tenter de me concentrer sur mon travail.

La journée s'est déroulée mollement, entre le temps passé à essayer de travailler et celui pendant lequel j'ai évité de croiser le regard d'Hélène. J'ai même complètement déserté le repas de midi, prétextant un problème ardu à résoudre. Le petit déjeuner avait été assez éprouvant comme ça, à faire semblant d'oublier tout ce qui avait été dit dans la voiture. Pour le dîner, je n'ai pas pu faire autrement que de descendre. Nous nous sommes sentis assez mal jusqu'à l'arrivée d'Albert, que chacun de nous a vu se mettre à table avec soulagement. Ma tante lui a raconté par le menu notre visite à l'hôpital. Elle a délicatement avancé la question implicite générée par l'attitude du médecin des urgences.

N'y avait-il pas le moindre risque qu'un champignon toxique ait pu se retrouver dans le panier de girolles qu'il avait rapportées des bois ?

Au regard qu'Albert a lancé à Hélène, j'ai immédiatement compris que ce n'était pas le cas.

— Un champignon toxique ? a-t-il dit, incrédule. Ah ça, par exemple ! Ça serait bien la première fois en cinquante ans…

— Tu en es sûr, Albert ? a-t-elle insisté. Tu n'aurais pas pu confondre ?

Il a cessé de sourire, enfourné une bouchée de pommes de terre puis mâché consciencieusement pendant quelques instants interminables. Il a avalé un verre d'eau, tandis que nous attendions en silence, la question suspendue entre nous comme une flétrissure.

— Je connais tous les champignons de ces bois, a-t-il finalement lâché en piochant dans son assiette. Je sais ce que je ramasse.

Hélène a ouvert la bouche mais s'est ravisée, indécise. Si elle le questionnait davantage, Albert se refermerait comme une huître sortie de l'eau. Elle avait trop besoin de lui pour le braquer inutilement. La moisson n'était pas complètement terminée. Le travail n'allait pas manquer en attendant le retour de Victor.

Albert ne s'était pas trompé.

Soit. Point final.

L'ambiance commençant à me peser, j'ai prétexté une soirée dédiée aux mathématiques et je me suis lâchement éclipsé, les laissant seuls avec leurs interrogations muettes. L'atmosphère de la cuisine devenait trop étouffante. Je me sentais comme un intrus. J'ai dit bonsoir à Albert, embrassé ma tante, et j'ai filé vers le monde orthonormé et rébarbatif de la géométrie euclidienne avec un soulagement que je n'aurais pas soupçonné la veille.

Je suçote mon stylo, relisant pour la centième fois l'énoncé de mon problème :

Soient trois points de l'espace A, B, C *non alignés et soit* k *un réel de l'intervalle* [-1 ; 1]. *On note* Gk *le barycentre du système* {(A, k2 + 1), (B, k), (C, -k)}.
1. Représenter les points A, B, C, *le milieu* I *de* [BC] *et construire les points* G1 *et* G-1.
2. a) Montrer que pour tout réel k *de l'intervalle* [-1 ; 1], *on a l'égalité :* AGk = -k. BC/(k2 + 1).
b) Établir le tableau de variation de la fonction f *définie sur* [-1 ; 1] *par* f(x) = -x/(x2 + 1)…

Pourquoi la marque de dérapage n'a-t-elle pas été consignée dans le rapport de gendarmerie ? Pourquoi le corps de Paul a-t-il été projeté dans l'eau, à plus de quinze mètres de l'endroit où sa mobylette a terminé sa chute, et pratiquement à angle droit de sa trajectoire dans le vide ?

Je repousse mon livre d'exercices, avec la sensation que je fais cela à peu près tous les jours, maintenant. J'ai besoin de prendre l'air. Je n'arriverai pas ce soir à mettre mon cerveau en phase avec ce qu'exigent les maths. J'ai entendu Hélène monter se coucher il y a deux bonnes heures déjà. Il n'y a pas un bruit dans la maison. Je m'apprête à descendre, lorsque mon regard tombe sur l'écriteau que Paul avait accroché sur la sienne, dans le couloir : « Propriété privée. Entrée interdite ».

Je suis en chaussettes. Le parquet ciré ne grince pas tandis que je m'approche de ce que mon cousin appelait son *repaire*. Je sais qu'il n'aimait pas qu'on y entre. Même moi. Il se forçait de temps en temps, lorsque je venais en week-end avec mes parents, mais j'avais la très nette impression qu'il fallait que je ne touche à rien, de peur de rompre une harmonie que lui seul était capable de capter et qu'il entretenait jalousement.

Lorsque nous jouions, c'était principalement dehors, dans le bois, ou dans ma chambre. Je n'ai jamais cherché à enfreindre cette règle. Je sais que mon cousin m'en était reconnaissant, même s'il ne me l'a jamais dit ouvertement.

Aujourd'hui, Paul est mort et rien ne le touche plus.

J'appuie doucement sur la poignée. La porte n'est pas fermée à clé. J'entre dans le noir et referme derrière moi. La lumière du couloir filtrant sous le battant me permet d'apercevoir le pied du lit sur la gauche, mais pas plus loin. Je tends la main vers l'interrupteur et je m'immobilise. Et si quelqu'un me surprenait ? Que penserait Hélène de mon intrusion dans ce passé qu'elle cherche à tenir à distance ? Que penserait Victor s'il me voyait pénétrer l'intimité de son fils défunt, alors que celui-ci y était fermement opposé de son vivant ?

Je chasse ces idées en appuyant sur le bouton. La lumière crue du plafonnier me force à fermer les yeux un instant. Pourquoi est-ce que je ressens la nécessité de venir ici alors que mon cousin repose depuis quatre ans dans sa tombe ? Qu'est-ce que je m'imagine ?

Rien. Rien de précis.

Mais j'ai besoin de savoir ce qui s'est passé.

J'ouvre les paupières en retenant mon souffle. La chambre est propre. Les rideaux sont lavés, la poussière absente. La pièce ne sent pas le renfermé. Hélène doit souvent venir y faire le ménage, en mémoire de son fils. J'essaie de me représenter ce qu'elle peut ressentir, tandis qu'elle passe l'aspirateur sous le lit où Paul ne reviendra jamais dormir, qu'elle époussette ses jeux, qu'elle ouvre les fenêtres.

Je parcours la chambre du regard, m'attardant sur des objets qui éveillent en moi des souvenirs difficiles. Sur son bureau, ses livres de classe sont restés tels quels, dans la position où il les a laissés le jour de sa mort, je suppose. Son dernier signe de vie dans la maison. Peut-être Hélène a-t-elle ce sentiment impalpable qu'il pourrait revenir si elle ne dérange pas ses affaires, qu'une partie de lui est encore accrochée à ces lieux, quelque part dans un éther d'où il verrait avec affection que son souvenir est entretenu avec amour.

J'avance d'un pas, puis d'un autre, avec le sentiment puissant de commettre un sacrilège. Je m'approche de ses étagères où Paul rangeait soigneusement ses collections. Il y a ses livres de timbres, des insectes divers punaisés dans des boîtes disparates, quelques maquettes d'avion soigneusement réalisées et un trois-mâts inachevé, encore vierge de voilure.

Je marche lentement en suivant les objets du bout des doigts, sans oser les effleurer vraiment. Un monde figé pour toujours. Je m'arrête face au bureau, un beau meuble de chêne qui occupe une partie du mur. Sur un angle du plateau, quelqu'un a posé le casque de Paul. Celui qu'il portait le jour de l'accident.

Je le contemple avec fascination. Il se l'était acheté après plusieurs mois d'économies et il l'arborait fièrement dès qu'il montait sur sa machine pour aller au village.

Je tends lentement la main vers lui. Lorsque Paul a perdu le contrôle de son engin, dans le virage, et qu'il est tombé sur les rochers la tête la première, ce casque a dû entendre son dernier cri, sentir sa dernière frayeur le traverser au moment où la vie le quittait.

Je sens mon cœur battre la chamade comme cet après-midi, quand j'étais debout en haut du talus, au-dessus du lac.

Quand il est tombé sur les rochers la tête la première...

Je pose la main sur le casque. Le soulève. Le retourne.
Le temps suspend son vol.
Il n'y a pas une seule rayure sur la peinture métallisée.

II

13 juillet 2011, 19 h 25

C'est à cet instant précis que j'ai compris que quelque chose ne tournait pas rond du tout. Je ne l'avais pas encore verbalisé, mais l'état du casque m'a fait comprendre que l'on me cachait des choses. Mon cousin n'était peut-être pas mort exactement comme on me l'avait expliqué.

Je savais, moi, que Paul n'aurait jamais porté son casque au coude, comme le font parfois les jeunes pour se donner l'air cool. Et même si cela avait été le cas, la coque aurait souffert de la chute. Elle aurait été marquée, sinon enfoncée, surtout après l'impact qui avait brisé son crâne.

Il n'y avait donc qu'une seule solution à ce problème. C'est que Paul ne portait pas son casque. Cela pouvait vouloir dire deux choses. Soit quelqu'un d'autre le portait à sa place au moment de l'accident, quelqu'un qui n'était pas tombé, lui ; soit Paul ne roulait pas. Il s'était arrêté. Il avait ôté son casque, et il était mort.

Dans les deux cas, il y avait une deuxième personne avec lui.

Dans les deux cas, on l'avait abandonné en pleine nature, la tête baignant dans l'eau, une plaie sanglante ouverte dans le crâne.

Dans les deux cas, Paul n'avait eu aucune chance de s'en sortir vivant.

Mais dans le second, cela voulait dire qu'il avait été assassiné.

La tête me tourne un peu, mais l'alcool me fait du bien. C'est du moins ce que j'imagine, car la douleur est moins forte. Je commence peut-être à l'apprivoiser un peu…

Je sais qu'il s'agit d'une rémission provisoire, une illusion qui ne tardera pas à disparaître, avalée par les spasmes qui vont revenir me courber en deux, le front en sueur penché au-dessus des toilettes.

La soirée avance lentement, dans un silence ponctué de chants d'oiseaux. Je les entends par la porte ouverte de la cuisine. C'est le seul signe de vie qui lutte contre les relents de mort qui montent de cette maison.

Tous les animaux ont été vendus il y a de nombreuses années déjà, quand tout a été terminé. J'ai demandé à Albert de s'en occuper. Il a accepté en souvenir des moments de vie commune avec Hélène et Victor. Les vaches ont été cédées à l'abattoir de Guéret, les volailles récupérées par un fermier du village dont je ne me rappelle plus le nom.

Peu importe.

Personne n'était plus là pour s'en occuper.

12

8 juillet 1979, 6 h 55

Je suis seul à la terrasse du café. Il est à peine 7 heures et j'ai une migraine carabinée. Je n'ai pas dormi de la nuit. J'ai passé des heures à essayer de comprendre, à envisager d'autres hypothèses menant à d'autres conclusions que celles auxquelles je suis arrivé.

Et je n'ai pas réussi.

Paul n'était pas seul au moment de sa mort. J'en ai maintenant la conviction. Pourquoi personne n'a-t-il relevé cette évidence avant moi ? Pourquoi son casque intact n'a-t-il pas éveillé la curiosité de qui que ce soit ?

Je me sentais tellement mal que j'aurais été incapable de poser la question à ma tante ou de soutenir son regard ce matin. Je suis parti de la ferme à l'aube. J'ai erré au hasard des petites routes autour de Valloise en attendant l'ouverture du café, sur la place.

Le patron a levé le rideau de fer il y a quelques minutes à peine. Il m'a regardé entrer avec un drôle d'air. Je dois avoir une tête bizarre, avec les yeux enfoncés et l'expression pas commode. J'ai attrapé un journal de la veille oublié sur le comptoir et j'ai commandé un grand café avec des tartines. Le fait que je paie d'avance a permis qu'on me laisse tranquille dans mon coin.

De là où je suis assis, j'ai une vue imprenable sur la place. Je peux surveiller l'entrée de l'église, les bancs qui entourent la fontaine sous les platanes, la porte du marchand de presse et la boulangerie d'Alain Soulange.

Pour l'instant, tout est silencieux, immobile. Je ne vais pas tarder à revoir le chat fantomatique aux hanches maigres traverser la rue en traînant les pattes.

Faute d'une autre occupation, je me plonge dans la lecture du journal.

— Qu'est-ce que tu fous là, toi ?

Je lève le nez et j'aperçois le visage crispé de Laurent qui me considère comme si j'étais une flaque de vomi sur le trottoir. Il est habillé d'un survêtement vert ridicule qui tire-bouchonne sur ses baskets et tient deux baguettes de pain sous le bras. Ses cheveux gominés de frais luisent sous les rayons rasants du soleil.

Je jette un œil sur la place. Il n'y a personne d'autre que nous.

— Tire-toi, Ducon. Je t'ai rien demandé.

Ma voix est sèche, brutale. Je viens de lui envoyer un signal fort qu'il ne faut pas venir m'emmerder. Je replonge les yeux dans le journal dont les lignes sont devenues floues sous l'effet de l'adrénaline qui gicle dans mes veines.

Laurent se penche au-dessus de moi, ses baguettes à moins de dix centimètres de mon café.

— Qu'est-ce que t'as dit, là ? Tu peux répéter ?

En moins de deux secondes, je suis debout et je l'aplatis, lui et ses baguettes, contre la vitrine du fleuriste, juste à côté de ma table. Je serre tellement fort le col de sa veste Adidas qu'il ne peut plus respirer. Son regard a changé. Quelque chose qui ressemble à de la peur le traverse tandis que je le soulève avec toute l'énergie que je peux mettre dans mes bras. Il a brusquement perdu toute agressivité et ne pense même pas à essayer de me filer un coup de genou dans les parties pour se défendre.

Indifférent à la vilaine couleur rouge qui empourpre son visage, j'approche mes lèvres de son oreille et lui parle à voix basse :

— Si tu me cherches encore une seule fois, je te dérouille devant tous tes potes en plein milieu du village. Si tu fais du mal à Gwenaëlle ou si tu nuis à son père, je te démonte tellement la gueule que tu regretteras d'avoir croisé mon chemin. Tu as bien compris ce que je suis en train de te dire, tête de nœud ?

Il ne répond pas tout de suite, les mains agrippées aux miennes pour m'obliger à lâcher prise. Pour faire bonne mesure, lui offrir un échantillon de ma rage et le sonner un peu, je lui mets un bon coup de tête. Sous l'os de mon front, je sens les cartilages de son nez céder d'un coup. Le sang se met aussitôt à couler sur sa lèvre supérieure éclatée. Je le sens mollir, les yeux vacillants. Je diminue la pression et le secoue rudement contre la vitrine qui vibre dans son dos.

— Tu as compris, oui ou non ?

Laurent hoche alors la tête sans me regarder. Je lâche les pans de sa veste de survêtement et les lisse du plat de la main, comme si je veillais à ce qu'il soit présentable pour rentrer chez lui. Il pose un doigt sur sa lèvre pour évaluer les dégâts. Ses baguettes informes sont tombées par terre. Il ne se donne même pas la peine de les ramasser en tournant les talons.

Sans les traces de la gomina sur la vitrine du fleuriste, je pourrais avoir rêvé la scène. Les oiseaux ont repris leurs pépiements matinaux dans les branches des platanes. On dirait bien que j'ai gagné le droit de prendre mon petit déjeuner tranquille…

Je jette un œil sur la place, qui est toujours vide. Il n'y a pas eu de témoins à cette mise au point. Tant mieux. Au moins, ça n'ira pas plus loin qu'entre nous deux.

— Bravo, jeune homme! dit une voix derrière moi, dans la salle. Ce petit con avait besoin d'une leçon depuis un moment!

Eh merde!

Je me retourne.

Le patron du bar me dévisage avec respect. Il contourne son comptoir et me rejoint à ma table. Il dépose devant moi un autre café, le mien s'étant renversé lorsque je me suis brusquement levé, ainsi que ma monnaie pour les consommations.

— C'est pour moi. Cet emmerdeur pourrit l'ambiance de mon bar depuis des mois, le soir, en cherchant des noises à tout le monde. Tout ça parce que son père est flic. Je pense qu'il n'est pas près de revenir faire le mariole par ici!

Puis il se détourne avec un sourire qui promet que mon exploit ne va pas rester secret bien longtemps.

La poisse. Mais je n'y peux plus rien. Ce n'est pas moi qui suis venu chercher la bagarre. Il a eu ce qu'il méritait. Ça le rendra plus timide à l'avenir. Je pense qu'il sait que je mettrai ma menace à exécution s'il a la mauvaise idée de s'en prendre à Gwen ou à son père.

Je regarde ma montre. Il n'est pas encore 7 h 30. Je me demande ce que je fais ici à cette heure, finalement. Celle que je cherche ne viendra pas. Pas avant la fin de l'après-midi, au moins. Je ne vais pas rester assis à attendre toute la journée. Dommage, je ne sais pas où elle habite. Sinon, j'y serais allé. Certaines choses méritent d'être éclaircies.

Car si Paul ne portait pas son casque parce qu'il l'avait prêté à quelqu'un, qui devait donc se tenir derrière lui sur le siège de la mobylette, ça ne pouvait être qu'à sa petite amie. Isabelle.

Lorsque je range la moto dans la grange, le tracteur a disparu, la 2 CV également. La ferme est vide et silencieuse, hormis les poules qui caquettent en arpentant la cour. Tom m'accueille en jappant joyeusement et je joue un instant avec lui sur les graviers. J'entre ensuite dans la cuisine et dépose un pain de campagne frais sur la table.

Alain Soulange n'était pas dans sa boutique quand j'y suis allé. J'ai été servi par une vendeuse à peine plus âgée que moi, aux ongles rouges et au maquillage chargé qui devait la faire ressembler à sa mère. Je ne sais pas ce que je lui aurais dit si je l'avais eu en face de moi. Ma colère était retombée, mais j'ignore ce qui se serait passé si je l'avais rencontré. Rien, certainement. Je ne tiens pas à causer d'ennuis à ma tante, ni à rendre publique son aventure. Je voulais peut-être simplement me faire une idée de l'homme. Comprendre ce qui a attiré Hélène dans ses bras.

L'air frais m'a ragaillardi et a chassé le souvenir de l'altercation. Sur la table, Hélène m'a laissé un mot : elle est allée voir Victor à l'hôpital. Le chien scrute le moindre de mes gestes, assis près de la porte.

— On va aller se balader un peu à pied, ce matin, lui dis-je en me versant un reste de café encore tiède. Ça te dirait une vraie balade ?

Il lève les oreilles et penche la tête, attentif à ma voix. Je bois le café et fais la grimace. Il est en fait presque froid. Je verse le reste du bol dans l'évier et monte chercher mon couteau pliant, puis je coiffe mes cheveux en catogan.

— On y va, Tom ?

Le chien se met à sauter autour de moi, complètement excité. Il a parfaitement compris que je l'emmène faire un tour. Je me dirige vers le chemin qui démarre derrière la grange et mène à notre cabane, à Paul et moi. J'allume une cigarette et m'enfonce entre les arbres, observant Tom qui avance en remuant la queue, la truffe collée au sol, à quelques mètres devant moi.

Le chien s'arrête au bord de la route, perplexe. Il lève le museau d'un air interrogatif, semblant me demander où nous allons à présent. Il commence à faire très chaud. La sueur me coule dans le dos, mouillant mon tee-shirt jusqu'aux reins. Tom tire une langue assoiffée. Je regarde le lac, une main en visière au-dessus des yeux. Ses eaux sombres ont des reflets argentés en surface, dans les vaguelettes créées par la nage des canards et des foulques.

Je traverse le bitume, pose un pied de chaque côté du caillou blanc qui est scellé dedans. Tom aperçoit l'étendue d'eau et se met à gémir. Je ne peux pas lui refuser cela. Je descends la côte jusqu'à l'entrée du chemin qui contourne le lac et il se met soudain à courir comme un fou vers la berge.

J'avance à pas lents, ramassant des branches mortes au pied des arbres. Arrivé devant les nénuphars où Paul est tombé, je plante un morceau de bois d'une cinquantaine de centimètres de haut dans la berge meuble. Je m'efforce de ne pas plonger le regard dans les tiges qui flottent entre deux eaux, de ne pas penser qu'elles ont effleuré le visage de mon cousin quand il s'est écroulé dedans, le cerveau en bouillie.

Tandis que Tom patauge en essayant de rattraper les oiseaux à la nage, je me dirige vers l'acacia contre lequel la mobylette s'est abattue. Il ne reste aucun vestige du choc sur l'écorce. Je dégage quelques pierres de l'éboulis et fixe un autre bâton en le coinçant debout.

Je me redresse et examine la paroi de roches qui monte jusqu'à la route. Je n'ai aucune envie de prendre le risque de me rompre les os en l'escaladant comme au bon vieux temps. Je fais demi-tour et hèle Tom, qui donne des coups de dents dans l'eau devant des canards peu effarouchés. Un coup de sifflet impératif finit par le décider à me rejoindre. Il sort de l'eau et se secoue avant de me suivre, ragaillardi par le bain.

Revenu en haut du talus, je plante un troisième bâton entre le caillou blanc et le vide.

Puis j'observe.

Comme la veille, matérialisés par les morceaux de bois plantés dans le sol, les trois endroits reliés ensemble par des fils invisibles me crient à la figure que tout ce que l'on m'a raconté est un tissu de mensonges.

Si Paul et son engin avaient chuté ensemble dans les rochers, on les aurait retrouvés côte à côte, ou séparés de quelques pas. Pas de quinze mètres. De plus, si la blessure de Paul correspondait à un choc contre l'arbre, en admettant qu'il n'ait pas porté son casque, la mobylette aurait dû finir sa course à gauche du tronc, pas à droite, puisque le crâne de mon cousin était enfoncé de ce côté. Enfin, si Paul avait été éjecté de sa bécane pendant la chute, il se serait retrouvé plus loin qu'elle, en contrebas. En ligne droite, ou à peu près.

Que s'est-il passé ici ? Qui me cache la vérité ? Et pour quelle raison ?

Les jappements de Tom, en provenance du bois, me tirent de mes réflexions. Après un dernier regard en direction du lac, je le rejoins au pied d'un gros châtaigner. Il a la truffe pleine de terre, le regard brillant.

Je m'accroupis près de lui. Il se dresse sur les pattes arrière, pose ses coussinets poussiéreux sur mon jean et aboie encore une fois.

— Oui, t'es un beau chien. Je suis d'accord. Allez, viens ! On rentre.

Je me relève, mais Tom enfouit de nouveau son nez dans la terre et se met à gratter comme un fou.

— Eh bien, qu'est-ce que tu as à creuser comme ça, mon bonhomme ? Tu as trouvé une souris ?

Après tout, j'ai le temps. Hélène est à l'hôpital, Albert sur le tracteur. Mes devoirs attendront la fin de la balade. Je me rends compte, avec la présence animée de Tom à mes côtés, que la solitude commence à me peser. Gwenaëlle m'est inaccessible et je sens que je ne suis pas le bienvenu parmi les jeunes du village, marqués comme au fer rouge par la mort de Paul et notre ressemblance. Il fut un temps, je me suis même demandé si nous n'étions pas de *vrais* frères, de *vrais* jumeaux. Je me suis posé des tas de questions, inventé des tas d'histoires. Ma mère n'était pas ma mère. Elle m'avait adopté parce qu'Hélène ne pouvait pas garder deux enfants. Ou l'inverse. Ou bien le grand Michaël Servin était notre géniteur à tous les deux. Ou Victor. Ou encore une combinaison hautement improbable de tout cela.

Une opération chirurgicale de mon coude, l'année de mes dix ans, pour laquelle il fallait une poche de sang O négatif, a mis fin à ces fantasmes. O négatif est le seul groupe sanguin qui ne peut recevoir de transfusion que de personnes du même groupe, même s'il peut en donner à tout le monde. Les médecins ont d'abord recherché un donneur dans ma propre famille. Paul s'est révélé du groupe A, et nos sangs incompatibles. Nous n'étions pas des jumeaux. Mais même si nous le savions désormais, ceux qui nous voyaient ensemble ne pouvaient s'empêcher de le penser. Et plus nous grandissions, plus cette ressemblance devenait frappante.

Mes yeux sont fixés sur ce que Tom a dégagé de la terre, mais mon cerveau refuse de comprendre. Il faut que je m'agenouille et que je prenne l'objet dans ma main pour me convaincre de sa réalité.

Une pipe.

Saisi, je m'assieds sur la mousse sèche. Tom secoue fièrement la queue et me pousse le bras avec la tête. Sa langue pendouille entre ses babines barbouillées de brun. Il aboie encore une fois, attendant une caresse.

Je pose la main sur son dos et lui parle à mi-voix en le flattant, tout en pensant à autre chose. Sur le tuyau de la pipe, deux initiales sont gravées.

VD.

Victor Delerme.

C'est la pipe de mon oncle.

13

8 juillet 1979, 10 h 36

Je reviens lentement sur le chemin menant à la ferme par les bois. La pipe serrée dans la main, je bute sur des questions sans réponse. Indifférent à mes idées noires, Tom renifle consciencieusement chaque touffe d'herbe et, copiant son allure sur la mienne, trotte au ralenti.

Une demi-heure plus tard, je m'arrête à la cabane de Paul, vestige d'un passé heureux. Je prends Tom sous le bras et le hisse jusqu'à la plateforme, où il me considère avec inquiétude en approchant prudemment du bord. Je m'assieds près de lui, les jambes pendantes, et il vient se blottir contre mes hanches, les oreilles dressées, à l'affût du moindre bruissement d'ailes dans les branchages. Au bout de quelques minutes, il enfouit sa truffe sous sa cuisse et il s'endort, épuisé par la promenade et la baignade avec les canards.

Je lève les yeux vers le ciel, comme pour y trouver un signe qui me permettrait de comprendre les interrogations qui m'envahissent avec une insistance croissante.

Pourquoi Paul ne portait-il pas son casque au moment de l'accident ? Qui était avec lui, et pourquoi cette personne n'a-t-elle pas donné signe de vie pendant l'enquête ? Pourquoi les traces de freinage sur les gravillons ont-elles disparu ? Pour quelle raison la pipe de Victor était-elle enterrée au pied d'un arbre, sur les lieux de la mort de son fils ? Quel est ce mal étrange qui le ronge depuis plusieurs semaines ?

L'azur reste désespérément vierge et je demeure seul face à l'incompréhension. Dans son sommeil, Tom agite sporadiquement les pattes en gémissant.

Au fur et à mesure que la matinée avance, je m'attends à voir repasser la 2 CV en direction de la ferme, mais la route reste vide. Tom s'est réveillé et se serre contre moi en tremblant, le regard en biais. Le drôle d'endroit où je l'ai emmené lui déplaît, il n'est manifestement pas à l'aise. Tout à mes sombres réflexions, je n'ai plus fait attention à lui et il l'a senti. Il est temps de rentrer à la maison.

Lorsque j'arrive en vue de la ferme, Hélène jaillit de la cuisine et accourt, un torchon à la main.

— Il sort demain !

Ses cheveux sont un peu défaits. Je considère son sourire avec un soupçon lové au fond du cœur. Est-elle passée par la boulangerie avant de rentrer ?

— Il va mieux, poursuit-elle sans remarquer ma réticence. Les examens de sang n'ont rien montré de particulier. On pense qu'il a eu une intoxication alimentaire, mais s'il ne fait pas de rechute pendant deux jours, le docteur Carrier a certifié qu'il ne risquait plus rien !

— Bonne nouvelle, tatie ! m'écrié-je avec l'impression de sonner faux.

Cependant, au fond de moi, une petite voix malsaine me souffle que mon oncle n'est pas au bout de son calvaire.

— On va le chercher à quelle heure ?

Elle fait un geste négatif de la main.

— C'est une ambulance qui le ramène. Ils doivent lui installer un système respiratoire d'appoint, en cas de problème. L'oxygénation du sang est capitale pendant ses crises. Il faut juste être à côté de lui pour lui positionner le masque sur le nez et la bouche s'il rechute.

Je hoche la tête pour dissimuler mon scepticisme – en quoi une aide respiratoire peut-elle être efficace en cas d'intoxication ? – mais, après tout, je ne suis pas médecin.

— Qu'est-ce que tu as fait, ce matin ? me demande ma tante par-dessus l'épaule en rentrant dans la cuisine.

Je réponds de façon évasive en la suivant à l'intérieur.

— Une balade dans les bois. J'ai emmené Tom.

Elle s'assied devant un panier de légumes et s'attaque à la préparation du déjeuner.

— Il a dû être heureux ! Ça ne lui arrive pas si souvent !

Je pense au chien qui s'est baigné dans le lac où Paul a perdu la vie, puis à la pipe de Victor enfouie dans ma poche, et j'élude le sujet.

— Je l'emmènerai de temps en temps. Ça me fait du bien, à moi aussi. Ça me sort de mes cours.

Hélène immobilise son économe sur la peau d'une carotte.

— Ce n'est pas facile pour toi non plus, ici, avec nous, n'est-ce pas ?

Je baisse les yeux un quart de seconde de trop. Je n'ai plus qu'à mentir.

— Vous n'y êtes pour rien. Ne t'inquiète pas, j'arrive à travailler quand même.

— Tu devrais sortir un peu au village, cet après-midi, insiste Hélène. Tu rencontreras peut-être des anciens amis. Il te reste pas mal de temps avant tes examens, non ?

C'est vrai, mais si je tombe sur Laurent et Gwen ensemble, ma vie va devenir encore un peu plus compliquée.

— Tu as raison, décidé-je soudain. J'irai faire un tour après déjeuner. Tu me diras si tu veux que je te rapporte quelque chose.

Hélène me regarde droit dans les yeux. Je crois discerner une ombre de sourire sur ses lèvres.

— Du pain, oui. Je veux bien…

Je m'installe à la terrasse de Chez René juste un peu après 15 heures. J'ai emporté un bouquin de maths et un autre de chimie. Je m'étale sur deux tables après avoir commandé un double diabolo menthe à Gérard, le patron. René a revendu dans les années 1960 et il engraisse à présent les pissenlits du cimetière. Le café a gardé son nom parce que les anciens du village n'auraient pas compris qu'il le change.

Le goût de la menthe sur ma langue me ramène plusieurs années en arrière, lorsque Paul et moi nous en servions de grands verres avant de monter lire ensemble dans ma chambre au plus fort de la chaleur de l'après-midi.

J'essaie de m'immerger dans les cours, mais les mots sont vides de sens, une fois de plus. L'odeur des draps fraîchement lavés conjuguée à celle des livres poussiéreux, les rayons brûlants du soleil hachés par les volets rabattus pour conserver la fraîcheur, le bruit des pages tournées avec soin pour ne pas déchirer le papier plus vieux que nos parents… Tout me revient en bloc.

— Salut, Franck.

Un mouvement sur ma droite. Une chaise qui racle le sol de béton inégal de la terrasse. Un parfum. Je lève le nez. Isabelle.

— Salut, Isa.

Je vois à son expression qu'elle s'est forcée à venir s'asseoir en face de moi. Elle me considère d'un air grave, les paupières vibrantes comme des ailes de papillons.

— Pourquoi es-tu revenu ?

C'est direct. L'accusation, implicite. Je n'ai rien à faire ici. C'est son monde, pas le mien. Celui de Paul, aussi. Celui de son souvenir. Personne ne doit toucher à cela. Encore moins un type qui lui ressemble comme deux gouttes d'eau et qui vient prendre ses quartiers en plein centre du village, à la terrasse du café où les jeunes du coin se retrouvent.

Je détourne le regard. Je n'ai pas le courage de soutenir le sien.

— Je suis là pour travailler mon bac. Session de rattrapage. Besoin d'air.

J'essaie le ton laconique, histoire de lui montrer que je ne souhaite pas prolonger la discussion. Elle pose la main sur mon livre, au milieu de la page.

— Je veux dire… Pourquoi es-tu revenu vers moi ?

Ses pupilles se sont embuées. Elle se mord la lèvre et semble prête à s'enfuir. Je ressens une impérieuse envie de dire quelque chose qui l'obligera à rester. J'ai trop de questions à poser. Trop de trous noirs à combler.

Je pose une main sur la sienne.

— Je l'aimais aussi, Isa. Il me manque, comme à toi. Nous avons ça en commun.

Une grosse boule me monte dans la gorge. Je regarde vers la place vide pour écraser une larme qui coule sur ma joue. Elle ne retire pas sa main.

Nous restons ainsi quelques instants, perdus dans un silence qui nous plonge chacun dans ses propres souvenirs.

— Tu as un ticket avec Gwen, on dirait…, dit-elle au bout d'un long moment.

Je la dévisage avec un air qui doit être comique à voir.

— Elle a l'air de t'apprécier beaucoup…, ajoute-t-elle, en récupérant sa main.

— Je l'aime bien aussi. Dommage qu'elle soit avec ce…

Je me tais. Inutile d'en rajouter. Je ne ferais que créer des ennuis à Gwen.

— Elle… ils ne sont plus ensemble, dit Isa avec effort. Il l'a larguée hier soir.

J'ai soudain les oreilles qui bourdonnent et le cœur qui accélère.

— Quoi ?

— Ici même. Il l'a jetée comme une malpropre en la traitant de tous les noms. Tu aurais vu ça, je suis sûre que tu lui cassais la figure.

Je hoche lentement la tête. Si Laurent s'est permis une chose pareille, c'est parce que je n'étais pas là, justement. Ce petit trou du cul en a profité pour ôter ses sales pattes de Gwen, en se disant que je ne ferais pas de vagues. C'était la seule façon pour lui de renoncer tout en sauvant la face. Je n'aime pas ses méthodes, mais il a eu raison, en fin de compte.

Je ne vais pas faire de vagues.

Le silence retombe entre nous. Gwen est libre.

Gwen est libre…

— Je te laisse. Tu as du travail.

Isabelle se lève, mais je l'arrête d'un geste.

— Attends. Où habite-t-elle ?

— Près du lavoir. La maison aux volets jaunes.

Je me souviens de nos batailles d'eau, gamins, au lavoir, presque à l'extrémité du village, en direction de Guéret. En revanche, je ne me rappelle pas les volets jaunes.

— Son père a passé un coup de peinture l'année dernière. Il a un goût de chiotte, si tu veux mon avis.

Je l'attrape par l'avant-bras.

— Isabelle… j'ai d'autres questions. Si tu veux bien…

Elle me regarde fixement.

— Qu'est-ce qui s'est passé, ici ?

Elle se raidit. Je la sens, sous sa peau bronzée, devenir aussi rigide qu'un morceau de bois.

— Je… J'ai besoin de savoir, Isa.

— De savoir quoi ?

Elle ne se rassied pas, mais elle ne m'a pas planté là non plus. C'est déjà ça. Autant ne pas tourner autour du pot.

— Je veux savoir comment Paul est mort…

Elle hésite un long moment, oscillant sur ses jambes comme si elle résistait à un vent du large, debout sur le pont d'un voilier pris par la houle. Ses épaules se sont affaissées. Je la tire doucement par le poignet et elle se rassoit, les yeux rivés sur le sol.

— Personne ne le sait, Franck… Personne, dit-elle d'une voix atone.

— Il n'y a pas eu de témoin de l'accident ?

J'attends sa réponse en scrutant son visage avec fébrilité. Si elle était derrière lui sur la mobylette ce jour-là, elle ne pourra pas me le cacher. Elle lève des yeux larmoyants sur moi.

— Non. Personne n'a rien vu. Cette route ne mène que chez ton oncle, tu le sais bien. Nous nous étions engueulés, la veille. Quand j'ai appelé ta tante ce matin-là, elle m'a dit qu'il était parti à la pêche. J'ai… j'ai pensé qu'il ne voulait pas me voir, et je me suis dit que ça irait peut-être mieux le lendemain…

Je la crois. Son accent est sincère. Et ce sera facile à vérifier auprès d'Hélène.

— Qui a découvert le corps ?

Elle s'essuie les yeux en essayant de reprendre le contrôle sur elle-même.

— C'est Léon Favan, un retraité.

— Je peux lui parler ? Il habite où, ce Favan ?

— Au cimetière. Il a fait une attaque cardiaque, il y a deux ans.

— Qu'est-ce qu'il faisait sur la route de la ferme ?

— Son fils a des champs vers l'étang. Il allait voir l'avancement des récoltes. Il s'est arrêté pour regarder les canards. Il les comptait souvent, avant l'ouverture de la chasse, pour suivre l'évolution de la population. C'est comme ça qu'il a aperçu Paul. Sinon, il serait passé à côté sans le voir.

Isabelle baisse soudain les yeux.

— Il faut que je te dise un truc.

Je la regarde, circonspect. Elle met un moment avant de me regarder en face.

— C'est mon père… qui a dirigé l'enquête, à la gendarmerie.

Je la contemple, le souffle coupé. Je ne connaissais pas ce détail.

— Ton père ?

Elle hoche la tête en silence. J'intègre l'information en observant ses mâchoires serrées. Cela non plus n'a pas dû être facile pour elle. Se dire que son propre père avait constaté le décès et examiné le cadavre de son petit ami…

— Isa… Est-ce que tu crois que je peux lire ce rapport ?

Elle secoue fermement la tête.

— Non. Il est dans les archives de la brigade. Le public n'y a pas accès.

— Je ne suis pas le public, objecté-je. Je suis son cousin.

— C'est pareil, pour la gendarmerie. Seuls son père et sa mère ont pu le lire.

— Pas pour moi.

Elle m'observe par-dessus la table, l'œil sombre.

— Et pour toi non plus…, ajouté-je.

— Paul est mort, Franck, dit-elle en se penchant vers moi, la voix cassée par l'émotion. Mort et enterré. Je… je veux tourner la page, une bonne fois pour toutes.

— Moi aussi, Isa. C'est pour ça que je veux savoir pourquoi Paul ne portait pas son casque au moment de l'accident, et pourquoi il s'est retrouvé plus loin de sa mob que ce que sa chute aurait dû provoquer.

Isabelle pâlit. Durant quelques secondes effroyables, je pense que je me suis trompé, qu'elle m'a menti en me disant qu'elle n'était pas sur les lieux de l'accident. Sa réaction lève mes derniers doutes. Elle se penche davantage, les sourcils froncés.

— Quoi ? Paul n'avait pas son casque ?

Elle a baissé instinctivement la voix. Nos visages ne sont plus qu'à quelques centimètres l'un de l'autre. Une incompréhension totale brille au fond de ses yeux. Elle est bouleversée.

Je ne me suis pas trompé.

— J'ai inspecté le casque de Paul, dans sa chambre. Il n'a pas la moindre égratignure.

Isabelle scrute intensément mes prunelles, comme pour s'assurer qu'elle a bien entendu ce que je viens de lui dire.

— Impossible, lâche-t-elle. Je ne l'ai jamais vu grimper sur sa bécane sans ce truc.

— Et quand tu montais derrière lui ?

Elle se redresse brusquement et me considère avec attention. C'était donc ça. Elle vient de comprendre où je voulais l'amener. Ses yeux se font aussitôt froids et distants.

— Je sais qu'il ne t'aurait jamais laissée sans casque, Isabelle. Pas Paul. Et il n'en avait qu'un.

Elle se lève et me regarde de haut, le menton levé.

— Je n'étais pas avec lui. Je te l'ai déjà dit.

— Je le sais. Je voulais savoir si c'était vrai.

Elle brandit un index vibrant entre nous.

— Ne t'approche plus de moi, Franck !

— C'est toi qui es venue. Je te crois, maintenant.

Elle quitte la table d'un coup, drainant derrière elle sa colère qui l'enveloppe comme un champ magnétique chargé à bloc.

Le soleil commence à frapper la terrasse. Je me replie vers une table ombragée pour réfléchir. J'ai le choix, je suis le seul client.

Derrière son bar, Gérard fait semblant d'essuyer des verres. Je sais qu'il n'a pas perdu une miette de notre discussion. J'en ai assez de traîner ici. Et j'ai obtenu au moins une réponse à mes questions.

Mais cette réponse entraîne une nouvelle interrogation. Particulièrement angoissante.

Si ce n'était pas Isabelle, qui était avec Paul quand il est mort ?

Et une autre, encore. Terrifiante.

Est-ce que cette personne a tué mon cousin ?

14

13 juillet 2011, 19 h 54

Penché au-dessus de la cuvette des toilettes, je subis un spasme qui me coupe en deux à la hauteur de l'abdomen. Je ne vomis plus que de la bile et un peu d'alcool qui me brûle la gorge, mais mon estomac proteste violemment. Le mal progresse rapidement, j'en ai peur. Combien de temps me reste-t-il ? C'est la seule question qui ait un peu d'importance, à présent.

Je crache dans l'eau souillée. Quelques gouttes de sang maculent la porcelaine blanche. Comment en suis-je arrivé là ? Comment la situation a-t-elle pu dégénérer à ce point ?

Le moment culminant de mon séjour a été la mort de Victor. Rien pourtant, ce jour-là, ne laissait présager que la soirée serait aussi mouvementée. Sur l'injonction d'Hélène, mon oncle s'était retiré pour l'après-midi dans sa chambre. Depuis son retour de l'hôpital deux jours plus tôt, il montrait un visage fatigué. Des cernes creusaient ses yeux. La sieste lui permettait de récupérer quelques forces. Ma tante n'avait eu de cesse d'insister pour qu'il se repose un peu.

Je me rappelle encore que je la regardais faire en silence, en me demandant comment elle pouvait jouer cette comédie, alors qu'Alain Soulange l'attendait patiemment au fond de sa boulangerie. Quel avenir envisageait-elle pour elle et Victor ? pour elle et cet autre homme ?

J'étais passé chercher du pain, après la visite d'Isabelle à la terrasse de Chez René. Je m'étais retrouvé face à cet inconnu, qui n'avait pas la moindre idée de qui j'étais. Sa vendeuse était en pause, alors il était venu répondre au coup de sonnette provoqué par le tapis-brosse de l'entrée.

Il avait encore de la farine sur les mains. Il m'avait demandé ce que je voulais en posant sur moi des yeux d'une étrange couleur verte aux reflets dorés. Je voyais les muscles de ses avant-bras rouler sous sa peau tandis qu'il essuyait ses doigts sur son tablier avant de me servir. Il émanait de lui une impression d'assurance calme que je lui avais aussitôt enviée.

J'avais finalement renoncé à lui parler. Pour lui dire quoi ? « Ne t'approche pas de ma tante ? Trouve-toi une autre maîtresse ? » C'était ridicule. Le fait même que j'aie pu y penser était ridicule. Je n'avais pas à intervenir. Je n'avais rien à dire. Ce n'était pas mon histoire, pas mon errance.

J'avais pris mon pain et j'avais tourné les talons, laissant les yeux verts et dorés derrière moi.

La nausée me saisit encore une fois, m'empêchant presque de respirer. Je me courbe au-dessus du trône, un filet de salive au coin de la bouche. J'aperçois un vague reflet déformé au fond de la cuvette. Mon image troublée me regarde fixement, les yeux exorbités par les haut-le-cœur.

Il fallait être aveugle. Putain, il fallait vraiment avoir de la merde dans les yeux… *C'est ce que je n'arrête pas d'entendre au fond de mon cerveau malade, comme un leitmotiv lancinant qui m'accuse en permanence.*

Dès ce jour-là, j'aurais pu comprendre et mettre un terme à tout cela. Une part de ce qui est arrivé est ma faute. Je ne me le pardonnerai jamais.

Je n'aurai pas le temps.

15

8 juillet 1979, 20 h 04

— Victor !

Mon oncle lève un œil noir sur Hélène. Avant même qu'il réponde, je sais à son regard que la situation va exploser.

— Fous-moi la paix !

La tension est électrique. Albert plonge le nez dans son assiette de soupe.

Victor frappe un grand coup sur la table, renversant le verre de Ricard qu'il vient de se servir.

De se resservir.

Pour la deuxième fois.

— Tu me fais chier, à la fin ! Tu ne veux pas me laisser crever en paix ?

Surprise par la violence de l'attaque, Hélène le considère d'un air désemparé. La bouche à moitié ouverte sur une protestation informulée, elle cherche sur mon visage un improbable soutien.

Je me sens mal, comme si j'étais projeté quelques semaines en arrière dans ma propre famille, avec mon père insultant ma mère devant moi. Mon immobilisme me noue le ventre, mais je suis incapable de réagir.

— Le médecin te l'a interdit ! tente-t-elle en haussant un peu la voix.

— Je l'emmerde ! hurle Victor. Qu'il aille se faire foutre ! Ce n'est pas un con de toubib qui va me dire si je peux boire un pastis ou pas ! Et toi non plus ! Lâchez-moi les couilles, bordel de merde !

De rage, les mains tremblantes, il redresse son verre et se ressert un apéritif, en forçant sur la dose. Il le mouille à peine d'eau et le brandit fièrement devant lui comme un trophée acquis de haute lutte. Le liquide renversé sur la table coule à ses pieds dans un clapotis agaçant.

Victor avale son verre d'un coup, en dardant sur Hélène un regard terriblement agressif. Il est déjà à moitié ivre.

— File-moi ces foutus médicaments ! ordonne-t-il. Comme ça, tu arrêteras de me pourrir la vie ! Mais ne m'enlève plus les petits plaisirs qui me restent, tu as compris ? Chacun les siens, Hélène. *Chacun les siens…* L'alcool conserve. Il conserve même *très bien*. Souviens-toi de ça.

Victor me jette un regard embué.

— Toi aussi, Franckie. Souviens-toi de ça !

Mon cœur bat à tout rompre et je ne peux m'empêcher d'observer ma tante, qui a pâli brusquement. Je glisse une main moite dans mes cheveux. Albert essaye de devenir invisible. Quant à moi, je me sens engoncé dans le secret d'Hélène.

Que sait Victor, exactement ?

Je l'observe fixer sa femme de ses yeux noirs. Il la détaille avec férocité, la défiant d'ajouter quoi que ce soit. Et là, comme dans un mauvais rêve, je la vois se lever et braquer un doigt accusateur sur son mari.

— Je t'interdis, Victor ! Tu m'entends ? Je t'interdis de me parler comme ça ! Je ne suis pas un chien ! Je suis ta femme ! J'essaie de prendre soin de toi, de t'empêcher de te détruire !

— Ta gueule ! crie mon oncle en se dressant face à elle. Je ne te demande rien ! Occupe-toi de tes fesses ! Ça, tu sais bien le faire, non ?

Je me trouve juste entre eux, devant mon assiette qui refroidit. Submergé par la violence de la dispute, je me prends le front dans les mains. Albert s'est levé. Il s'apprête à sortir lorsqu'un bruit que je connais trop bien retentit dans la pièce.

Celui de cinq doigts frappant violemment un visage.

Hélène a giflé Victor. À la volée. De toutes ses forces. Mon oncle en retombe assis sur sa chaise, déséquilibré par le coup. Les joues écarlates, il se relève, le poing dressé, mais je lui bloque le bras d'une main.

Il s'en rend à peine compte. Je n'existe pas pour lui. Pas plus qu'un mur. Sa face congestionnée est à quelques centimètres de la mienne, mais c'est vers ma tante que ses paroles fusent comme des jets d'acide.

— Tu es une putain, Hélène ! Et c'est à cause de toi que notre fils est mort !

Ma tante se jette sur Victor pour l'arracher à mon emprise.

— Tais-toi ! hurle-t-elle. C'est immonde ! Comment oses-tu dire ça ?

Tandis que je cherche à la retenir, Victor se dégage et lui assène un coup de poing en plein visage. Hélène tombe à la renverse. Je n'ai pas le temps de la rattraper avant qu'elle ne s'écroule sur le sol.

— Et toi, salope ? Comment as-tu osé faire ça à Paul ? hurle Victor, écumant de colère.

J'attrape une serviette pour tamponner la lèvre tuméfiée d'Hélène. Une amertume sourde monte en moi. Le monde est-il partout ainsi fait ? N'y a-t-il au fond de chaque couple qu'une haine larvée cherchant une faille pour éclater au grand jour et tout dévaster, sans la moindre considération pour ce qu'elle arrache à grandes poignées rageuses et qui ne repoussera jamais ?

Victor se rassied et finit son verre dans un silence de mort. Albert est figé près de la porte, son béret à la main. Nos respirations précipitées emplissent la pièce comme des soufflets de forge. Hélène craque soudain. Tournée vers le mur, elle éclate en sanglots tandis que Victor se ressert à boire.

Albert me consulte du regard. À son air abattu je comprends qu'il estime ne pas être en mesure d'intervenir. Puis il hoche la tête et disparaît dans la cour en refermant derrière lui.

Victor se relève, les pupilles injectées de sang. Titubant, il se dirige vers l'escalier en se tenant au mur. Quand il frôle le corps prostré d'Hélène, je redoute un instant qu'il lui décoche un coup de pied dans le ventre, mais il en est incapable. Heureusement, car je n'aurais pas pu le supporter.

Ses pas lourds gravissent les marches une à une, lentement. Je ne peux m'empêcher de penser à ceux d'un homme qui grimpe à l'échafaud et retarde le plus possible le moment de se retrouver seul face à la guillotine.

Nous sommes restés longtemps assis en silence dans la cuisine, Hélène et moi. Elle a fini par se relever, difficilement, avant de s'écrouler sur le canapé. Je suis alors allé chercher de quoi soigner sa lèvre dans la pharmacie, au premier étage. Un peu d'alcool, du coton. J'ai aussi pris quelques glaçons dans le congélateur pour les lui appliquer sur la joue dans un sac plastique. Sa pommette avait gonflé et pris une vilaine couleur rouge foncé.

À présent, elle me regarde avec les yeux brouillés de larmes tandis que je lui tiens la main. Je ne parviens pas à dire un mot. Qu'est-ce que je pourrais dire pour atténuer sa souffrance, de toute manière ? Elle sait parfaitement ce que je ressens, ce mélange de fureur et de frustration qui m'a fait quitter la banlieue parisienne et m'a conduit ici, vers les mêmes déchirements indélébiles.

À la différence près que ma tante a un amant.

Une phrase de Victor me hante. Elle tourne en rond dans mon esprit comme un vautour, attendant que je détourne l'attention pour s'approcher plus près encore, dans une danse macabre hachée de coups d'ailes noires comme la nuit.

C'est à cause de toi que notre fils est mort !

Je contemple ma tante. J'espère qu'elle ne voit pas où me dirigent mes pensées, dans quel marécage mes pas lourds m'emmènent. Vers quel étang, vers quels nénuphars mes questions prennent leur envol pour accompagner ce charognard.

C'est à cause de toi que notre fils est mort !

Hélène ferme les yeux et tourne la tête contre le dossier du canapé. Le coup l'a vraiment sonnée. J'ai l'impression que, contre toute attente, elle va finir par s'endormir. Je monte dans ma chambre lui chercher une couverture, que je viens étaler sur son corps après lui avoir ôté ses chaussures. Elle me remercie à voix basse, s'enroule dedans et enfouit son visage dans le coussin de l'accoudoir. Ses épaules sont secouées de sanglots silencieux, entrecoupés de gémissements presque inaudibles. Je me retrouve le cœur en berne, ne sachant plus quelle conduite tenir.

Et si ma ressemblance frappante avec Paul avait déclenché ce désastre ? Dois-je renoncer à mon séjour ici ? Pour aller où ? Mon père est en détention provisoire, ma mère entre deux logements, certainement chez une amie... Je me sens comme un voilier dont le skipper a été emporté par une énorme vague. Seul au monde.

Tom n'a pas osé bouger de la soirée. Les hurlements l'ont terriblement impressionné, je vois son petit nez pointer de son panier où il s'est réfugié dès les premiers cris. Je me lève et lui adresse un petit signe de la main pour qu'il me suive dehors. Il dresse les oreilles et me regarde d'une façon comique en basculant la tête sur le côté.

Lorsque j'ouvre doucement la porte, il est sur mes talons. J'allume une cigarette et m'assieds à la table de jardin, goûtant avec soulagement l'air frais de la nuit. Un coup d'œil à ma montre m'apprend qu'il est à peine 22 heures. Je sais que je ne pourrai pas travailler ce soir. Les nerfs à cran, je pense à Gwenaëlle et à la maison aux volets jaunes, près du lavoir. L'envie me taraude d'y aller pour l'apercevoir à une fenêtre. Avec un peu de chance, elle sera dehors, peut-être Chez René. Il n'est pas encore trop tard…

Mais puis-je laisser mon oncle et ma tante seuls après un tel éclat ? N'est-ce pas déserter le champ de bataille que les abandonner ainsi face à face ?

Pensif, je termine ma cigarette avant de rentrer dans la maison. Le souffle régulier d'Hélène m'indique qu'elle s'est endormie pour de bon. Je range rapidement les restes du repas au réfrigérateur et les bouteilles sous l'évier pour lui éviter de se retrouver avec ça au réveil, puis je grimpe à l'étage jusqu'à la chambre de mon oncle. Je vérifie par acquit de conscience, mais ses ronflements m'ont averti dès le couloir : il dort à poings fermés. Lui non plus, il n'a pas pris le temps de se déshabiller. Je m'apprête à refermer la porte quand il bouge dans son sommeil et se retourne sur le lit. À ce moment, un bruit mou attire mon attention.

Un petit carnet à spirale est tombé lorsqu'il a changé de position. Je ne peux détacher les yeux de la page sur laquelle s'allonge un rai de lumière projeté par la lampe de l'escalier.

Il s'agit d'un dessin d'adolescent, le genre de marque que les jeunes dessinent à la peinture en lettres grasses sous les ponts, en banlieue, ou chaque fois qu'un mur trop blanc inspire et exacerbe leurs désirs d'identité. Ce dessin, Paul me l'avait montré une fois, en cachette, avec de la fierté au fond des yeux. Il s'agissait de ses deux initiales entrelacées et déformées, avec des pointes et des courbes exagérément agressives : PD.

Paul ne supportait pas ses initiales. Il avait tellement modifié leur apparence qu'elles en étaient devenues non identifiables.

Sauf pour lui.

Et pour moi aussi.

C'est le carnet intime de Paul. J'en ai la certitude.

J'avance comme un chat jusqu'au lit et m'empare du carnet avec le sentiment de commettre un acte répréhensible. Je le saisis avec précaution, comme s'il allait me brûler la main et laisser sur ma peau une marque indélébile.

Je me réfugie dans ma chambre, le cœur battant. Je m'assieds à ma table de travail et ouvre le carnet en retenant ma respiration.

Les pages sont couvertes d'une écriture fine et penchée. La première date du carnet est le 14 mars 1972. Paul avait eu douze ans un peu plus d'un mois auparavant. Je lis les premières lignes avec le sentiment étrange qu'il lit par-dessus mon épaule.

Ça me fait drôle d'écrire un journal. Je ne sais pas pourquoi c'est arrivé, mais j'en ai eu envie. C'est tout. Je ne sais pas ce que je vais raconter, mais ça viendra au fur et à mesure. J'espère que personne ne mettra jamais le nez dedans…

Je lève la tête. Y a-t-il eu un bruit, ou ai-je rêvé ? J'écoute avec attention, mais rien ne vient rompre la quiétude de la nuit. Je retourne à ma lecture.

J'espère que personne ne mettra jamais le nez dedans, car ça ne regarde que moi. Je vais enfin pouvoir dire ce que je pense, car ici on ne m'écoute jamais. On ne fait pas attention à ce qu'un jeune a envie de crier, quand ce qu'il voit ou entend n'est pas juste. Un jour, je partirai loin d'ici, de cette ferme pourrie qui sent la crotte, où pas une voiture ne passe de toute l'année, où seuls les corbeaux distraient les vaches dans les champs…

Je souris malgré moi, touché par la candeur de ce texte. Je jette un œil à l'ensemble des pages, les faisant défiler sous la peau de mon pouce. Il y en a une trentaine environ, jusqu'à la date du 23 juin 1973. Paul semble ensuite avoir perdu tout intérêt pour son journal.

Un peu plus loin, séparées du reste par un espace vierge, quelques lignes me sautent au visage comme une vipère dérangée sur un tas de pierres.

L'écriture n'est plus la même. Elle est tremblante, vibrante comme une onde électrique. L'encre est délayée par endroits, comme si des gouttes étaient tombées dessus alors que Paul écrivait.

Des gouttes… ou des larmes.

Elle nous a trompés ! Elle et Hermier ! Je les ai vus, dans la grange, couchés dans la paille comme des porcs ! Ma mère ! Salope ! Salope !!

Un froid intense envahit mon corps tout entier.

La date est celle du 19 février 1975.

Le jour de la mort de Paul.

16

8 juillet 1979, 22 h 38

Il a fallu que je m'en aille. Je n'ai pas pu rester plus longtemps dans cette chambre, avec le poids accumulé des événements de la journée. J'ignore si j'ai réveillé quelqu'un avec le bruit de la moto, et je m'en fous.

À présent, je contemple l'étang sous la lumière blanchâtre de la lune. Les canards ont disparu et l'onde scintille comme un voile d'argent mouvant. La proximité des grands arbres projette des ombres fantomatiques sur les berges, d'où pourrait surgir un démon hurlant aux yeux rouges sans que cela m'étonne vraiment.

Dans la poche intérieure de mon cuir, le carnet de Paul pèse autant qu'un parpaing. Je sens qu'il palpite comme un cœur bien vivant, attendant que je le saisisse entre mes mains.

Que vais-je apprendre encore ? Quels monstres tapis m'attendent, affamés et terrifiants, leurs griffes prêtes à déchirer mon esprit ?

Je sais déjà que Paul a surpris sa mère et un certain Hermier en train de coucher ensemble. Que peut-il y avoir de pire dans ces pages ? Et qui était cet Hermier dont je n'ai jamais entendu parler ?

Et pourquoi Paul est-il mort précisément ce jour-là ?

Je lance un gros caillou dans l'eau et le regarde disparaître avec un plouf sonore sous la surface aux reflets quasi métalliques. Dérangé, un ramier claque des ailes dans un chêne. Le bruit ne se reproduisant pas, il ne s'envole pas, mais je l'entends piétiner dans les branches, au-dessus de moi.

Que suis-je censé faire ? Victor était au courant de l'infidélité d'Hélène, ce qu'il lui a reproché ce soir était basé sur un fond de vérité.

« Tu es une putain, Hélène ! Et c'est à cause de toi que notre fils est mort ! »

Comment Hélène peut-elle être responsable de l'accident de Paul ? Quel horrible sous-entendu cette phrase cachait-elle dans la bouche de Victor ?

« Et toi, salope ? Comment as-tu osé faire ça à Paul ? »

Le fait qu'il ait utilisé le même terme que Paul m'indique qu'il a voulu parler avec la voix de son fils. *Lui faire le même reproche.*

La violence de la réaction d'Hélène n'était pas due à l'indignation, comme je l'ai pensé tout d'abord. Mais bien à la terreur que son véritable visage soit révélé devant Albert et moi. À l'effroi de se retrouver nue, humiliée, exposée à notre réprobation muette et hostile.

Je regarde les nénuphars osciller doucement sous l'effet de l'onde qui se propage sur l'étang. Paul a fermé les yeux pour la dernière fois ici, la rage au ventre, après avoir surpris sa mère s'envoyer en l'air avec un autre homme que son père. Il est mort plein de colère et de honte, avec certainement, au fond du cœur, l'envie de mourir de chagrin.

Je me fige soudain. Comment n'y ai-je pas pensé plus tôt ? *Et si Paul s'était suicidé ?*

Mon cœur s'emballe. Cela expliquerait pourquoi le casque n'a pas une égratignure ! Il se sera arrêté près de l'étang pour pleurer et hurler sa rage. Il aura plongé dans le désespoir le plus total, incapable de comprendre les raisons de la trahison de sa mère… Il sera reparti sur sa mobylette en laissant son casque sur le sol, aura remonté la côte jusqu'à la route et se sera précipité la tête la première dans le vide…

Je me lève d'un bond et j'arpente le bord du talus. Voilà pourquoi Isa n'a pas d'indications à me donner sur ce qui s'est passé. Elle n'était pas au courant de la découverte de Paul dans la grange, ce jour-là. Personne n'était au courant.

Personne ?

Je me solidifie sur la route, les bras ballants, les yeux braqués sur le chemin en contrebas.

Dans ce cas, comment Paul s'est-il retrouvé, la tête fracassée plongée dans l'eau, à plus de quinze mètres de la carcasse de son engin ?

La terrasse de Chez René est pleine de monde. Comme l'autre soir, l'ensemble des jeunes du village paraît avoir établi un camp retranché au bar, avec une bière d'un demi-litre comme ration de survie.

L'arrivée de ma moto attire les regards de convoitise des garçons et l'intérêt appuyé des filles, mais lorsque j'ôte mon casque les expressions changent instantanément. Je dois avoir une gueule à faire peur, car plus personne ne me regarde dans les yeux. Une ombre s'approche soudain de moi. Son visage est dans la pénombre, mais je reconnais immédiatement ses mèches bouclées.

— Qu'est-ce qu'il y a, Franck ?

Sa voix inquiète me fait du bien. Je me sens las, d'un coup, épuisé par la tension de ces dernières heures. Je baisse la tête entre mes mains toujours rivées sur le guidon. Mes cheveux me tombent sur le front.

— Ça fait du bien de t'entendre, Gwen. Mais… je croyais que tu ne voulais pas que…

— Je n'ai rien à foutre de ce connard de Laurent. C'est terminé. *Terminé*, Franck. Il s'est barré, et c'est très bien comme ça.

Je relève la tête et tourne les yeux vers elle. La lumière de la terrasse fait briller ses iris comme des petites lucioles.

— Qu'est-ce qui se passe ? Dis-moi…

Soulignées d'un trait de lumière, légèrement humides, ses lèvres sont presque invisibles. Devant mon silence, Gwen prend ma tête entre ses mains et m'attire vers elle. Son haleine sent la menthe lorsqu'elle pose sa bouche sur la mienne.

Sur la terrasse, le silence accompagne notre baiser, puis les conversations reprennent à voix basse tandis que je la serre dans mes bras.

Ça s'est fait tout seul. Gwen est montée derrière moi, et je lui ai tendu mon casque. Elle l'a coiffé en riant, puis m'a guidé jusque chez elle, près du lavoir. Les lumières étaient éteintes, mais sa mère s'est levée pour venir nous saluer. Son père était absent.

Gwen m'a présenté sans aucune gêne et j'ai fait celui qui vient discuter un moment, comme s'il était naturel de s'inviter chez les gens à minuit pour une tasse de café. Le sourire entendu de Marthe, la mère de Gwen, m'a tout de suite mis à l'aise.

Elle a embrassé sa fille sur les cheveux et m'a serré la main en cherchant à lire dans mes yeux.

— Je vous laisse. Bonne soirée…

Puis elle a refermé derrière elle, et nous nous sommes retrouvés seuls sur le canapé, les pupilles brillantes, devant nos tasses qui refroidissaient.

— Raconte…, me dit-elle en se rapprochant de moi.

Gwen attend que je parle. Elle veut m'aider, me réconforter, partager ce qu'elle soupçonne être un fardeau trop lourd pour moi.

Elle pose la main sur la mienne et ce contact ouvre la brèche. Je lui raconte tout à voix basse. Mes doutes sur les circonstances de la mort de Paul, l'infidélité de sa mère, la colère et la maladie de Victor, le carnet intime…

Elle m'écoute en silence, sans m'interrompre une seule fois. Son visage est grave. Elle absorbe ce que je dis comme un buvard, elle fait siennes mes interrogations.

Lorsque le flot de mes paroles se tarit, elle se penche vers moi et pose ses lèvres sur les miennes, puis elle se lève et me tend la main. Elle sourit lorsque nos doigts se croisent, puis me guide doucement vers l'étage.

En la suivant dans l'escalier, mes yeux se posent sur ses jambes que sa robe frôle aux genoux. Elle tire sur ma main et je presse le pas. Elle pousse sa porte, allume la lampe de chevet et se tourne vers moi dans la lumière diffuse de l'abat-jour en tissu rouge.

Ses yeux plongés dans les miens, l'ombre d'un sourire flottant sur ses lèvres, elle détache les boutons du dos de sa robe, puis elle la laisse glisser très lentement sur son corps, dévoilant peu à peu sa poitrine, ses hanches, puis une culotte minuscule qui met le feu à ma cervelle. Elle penche la tête pour dégrafer son soutien-gorge et le maintient en place quelques secondes avec un geste de fausse pudeur très étudié.

Lorsqu'elle le laisse enfin tomber sur le sol, ses petits seins jaillissent de ses mains, pointant vers moi leurs mamelons dressés. Je sens au creux de mon bas-ventre la réponse à ce que Gwen est en train de me dire. Le temps que je retire mon cuir, mon tee-shirt, mon jean et mes sous-vêtements, elle est complètement nue devant moi.

Nos souffles s'accélèrent. Nos regards ne se quittent plus. Nous nous approchons à nous toucher dans un ralenti irréel. Mon sexe rencontre la peau douce et chaude de son ventre. Elle se rapproche encore et le comprime entre nous, m'amenant à un état d'excitation insoutenable. Je courbe la tête sur son épaule et goûte l'odeur fraîche et sensuelle de son cou. Elle frémit et se prête à la caresse, tandis que sa main se glisse le long de mon abdomen.

Quelques instants plus tard, nous basculons sur son lit aux draps écarlates, et j'oublie tous mes tourments dans les creux de son corps brûlant.

Je ne sais pas combien de temps nous avons fait l'amour, imbriqués l'un dans l'autre dans un tourbillon de plaisir. Dehors, une lumière bleuâtre filtre à travers les volets. Les premiers cris d'oiseaux retentissent dans les bosquets qui bordent la route.

Gwen s'est endormie, un bras en travers de ma poitrine. Je contemple son profil dans la pénombre, admirant sans retenue son visage aux traits délicats. Que va devenir notre relation dans quelques semaines, quand je serai obligé de rentrer à Paris ?

J'observe le lever du jour, qui dévoile petit à petit les détails de la chambre de Gwen. Les livres, sur les étagères, une poupée ancienne sur une commode…

— Merci pour Laurent…

Je tourne la tête vers ma jolie rouquine. Elle a les yeux ouverts et me dévisage en souriant.

— Qu'est-ce que tu veux dire ?

Elle pose un index sur mes lèvres, puis m'embrasse tendrement.

— Gérard m'a raconté ce qui s'est passé, l'autre matin. C'est grâce à toi qu'il est parti.

Salaud de barman. Il ne pouvait pas la fermer, ce con-là ?

— Ne lui en veux pas. Ça le démontait de voir Laurent me traiter comme ça. Cet idiot n'a eu que ce qu'il méritait.

Elle pouffe et glisse ses doigts sur la peau de mon ventre, puis elle enveloppe mes testicules d'une main tiède et vibrante.

— Et toi aussi…

Puis elle plonge la tête sous les draps, et le jour qui se lève sort immédiatement de mon esprit.

Le bruit arrive d'un coup, percutant ma conscience comme un coup de fouet sur mon dos nu. Je me dresse dans le lit, instantanément réveillé, le cœur battant fort contre mes côtes. Il fait grand jour, cette fois. La sirène devient plus stridente encore, puis elle semble changer de ton et s'éloigne sur la route.

Le Samu ! Il fonce en direction du village.

— Merde, merde, merde…

Un horrible pressentiment me saute à la gorge.

Victor !

Je me lève d'un bond et enfile mes vêtements à la hâte. Réveillée par mon agitation, Gwen m'interroge d'un regard plein de sommeil. Elle n'a pas entendu passer le véhicule des urgences.

— Le Samu vient de débouler sur la route, Gwen, dis-je, la voix rendue rauque par l'inquiétude. Je… Il faut que j'y aille !

Je suis surpris de la rapidité avec laquelle elle saute du lit et attrape un pantalon et un sweat-shirt.

— Je viens avec toi !

Nous descendons précipitamment l'escalier, Gwen dit deux mots à sa mère dans la cuisine avant de me rejoindre. Je lui tends mon casque et je l'aide à accrocher la lanière de sécurité.

Je démarre plus lentement que je ne voudrais, car je sens son poids sur la selle et le regard de sa mère sur ma nuque. Je passe au ralenti dans le village mais accélère dès les dernières maisons franchies. Je n'ai aperçu le véhicule rouge dans aucune des rues transversales. Le pressentiment se fait plus lourd, plus présent.

Je ne regarde pas le compteur de la moto, mais je roule assez vite. Suffisamment pour avoir les yeux qui pleurent avec le vent qui me fouette la cornée. Un gros insecte me heurte la joue juste avant le virage où Paul s'est tué. Je sens les mains de Gwen serrer mes reins lorsque je penche la moto pour récupérer la trajectoire dans la courbe.

Je connais bien ma bécane. Je sais jusqu'où je peux aller sans risques. Je suis déjà tombé une fois ou deux en cherchant à aller plus vite que la musique. Je ne tiens pas à recommencer aujourd'hui avec Gwen en passagère.

Surtout pas à cet endroit.

Lorsque nous arrivons en vue de la ferme, le fourgon du Samu est garé devant le portail. Je laisse la moto sur la route et cours vers la maison avec l'impression d'avoir des jambes de plomb.

Dans la cuisine, personne en vue. Des voix à l'étage. Je monte les marches quatre à quatre et stoppe devant la porte de mon oncle, le sang frappant contre mes tempes. Un médecin est agenouillé près de lui. Il lui a relié une perfusion au bras et fixé un masque à oxygène autour des voies respiratoires. Les yeux de Victor sont révulsés. Une vilaine couleur jaunâtre s'étend sur sa peau. Il a l'air d'avoir toutes les peines du monde à respirer et sa poitrine se contracte par à-coups irréguliers.

Le toubib et deux autres types que je suppose être des infirmiers ont le regard tendu. Ils sont suspendus au souffle de Victor. Sur la gorge de mon oncle, les tendons de son cou se dessinent comme des morceaux de fil de fer recouverts de peau.

Je cherche Hélène des yeux : elle est prostrée à côté de la porte, contre la commode. Je m'accroupis et lui prends la main avec toute la délicatesse dont je suis capable pour ne pas l'effrayer. Elle a l'air complètement choquée.

— Qu'est-ce qui s'est passé, Hélène ?

Elle cligne des yeux, prend conscience que je suis là. Elle ouvre la bouche pour parler, mais éclate en sanglots et se jette contre mon torse en m'agrippant comme un naufragé une bouée de sauvetage.

Un des infirmiers nous rejoint. Il se penche vers moi.

— Vous êtes le neveu, c'est ça ?

Je hoche la tête, une pelletée de graviers au fond de la gorge. Son air grave me fout la trouille.

— Vous voulez lui dire au revoir, avant qu'il s'en aille ?

Un éclair blanc explose devant mes yeux. J'ai la sensation brutale que mon sang devient aussi froid que de l'azote liquide.

Lui dire au revoir avant qu'il s'en aille ?

Je regarde Victor qui se bat pour inspirer la moindre parcelle d'air que lui envoie la bouteille, ses mains recroquevillées sur ses poumons, comme si cela pouvait les aider à fonctionner un peu mieux. Je contemple sa peau livide aux taches marbrées de jaune sale, ses yeux blancs striés de veinules sombres, son visage creusé par l'approche de la mort.

Par l'approche de la mort…

Je me redresse péniblement et fais quelques pas vers le lit. Dans l'encadrement de la porte, la silhouette de Gwen m'apparaît complètement floue. Seul, au centre de ma vision, le visage de Victor se détache de la blancheur des draps. Sur sa joue, la sangle du masque respiratoire oscille de façon irrégulière, à l'image de ses efforts désespérés pour survivre.

Le médecin vient de lui injecter un produit. Je ne sais pas de quoi il s'agit, mais il s'affaire vite. Très vite. Il me regarde fixement, et je sens l'urgence dans sa voix.

— Il n'en a plus que pour quelques instants. Vous désirez qu'on vous laisse seuls ?

Je déglutis avec difficulté. Non. Je ne veux pas rester seul avec lui. Je ne veux pas être le seul témoin de son agonie.

Je secoue la tête, et les deux hommes en blanc se reculent un peu. L'autre infirmier est resté près de ma tante.

Je m'agenouille sur le parquet à la tête du lit. Vu d'aussi près, Victor paraît encore plus mal en point. Le soleil perce la chambre d'une façon presque indécente. Il étend une couverture dorée sur le moribond. Dehors, sur les fils électriques, des tourterelles roucoulent, indifférentes. Le médecin semble convaincu. Pourquoi refuserais-je l'évidence ? Quel que soit le mal dont souffrait Victor, et qui n'a pas été identifié, il est en train de gagner la dernière manche. La peau flétrie du visage de mon oncle parle d'elle-même. Sous le masque, ses narines sont pincées par le manque d'air, sa bouche entrouverte sur un râle muet.

J'avance la main en hésitant, comme si je risquais de précipiter les choses en le touchant. Je me fais violence pour poser les doigts sur son bras, redoutant de façon totalement irrationnelle que sa maladie ne se propage par le contact de sa peau. Je sens sa peau froide et rêche, et je résiste à un sentiment d'écœurement qui m'envahit insidieusement. On dirait de la peau de lézard, une sorte de reptile endormi.

— Tonton…

Victor ne bronche pas. Il est déjà ailleurs, dans un passage sombre qui le dirige vers une arche de lumière. Il faut que je me dépêche.

Il faut que je le fasse.

Je me penche sur son visage jusqu'à le toucher. Je colle mes lèvres contre son oreille, et je parle de la voix la plus basse possible.

— Je sais, tonton. Je sais tout. J'ai lu le carnet de Paul.

La réaction de Victor est immédiate. Son souffle s'accélère brusquement. Dans le masque, ça produit un bruit de succion répugnant. Je me redresse. Ses yeux se sont retournés à l'endroit. Il les braque sur moi, essaie de dire quelque chose que l'appareil avale. Il serre ma main de ses doigts sans force, essaie une dernière fois de respirer, puis sa tête bascule mollement sur l'oreiller.

Le bruit de l'appareil continue dans le vide, ne provoquant plus aucun réflexe des poumons de mon oncle. Sa main glisse de la mienne sur les draps comme un pétale tombe d'une fleur fanée.

Je reste immobile pendant ce qui me paraît être un siècle, incapable d'aligner deux pensées. Puis on me prend doucement par le bras pour me sortir de la chambre et me guider vers la mienne, où je m'écroule sur le matelas, assommé, impuissant.

Gwen est là, silencieuse, et je lui sais gré de ne pas chercher à me parler. Elle me prend dans ses bras et me berce un long moment en gardant ma tête contre sa poitrine. Sa chaleur me fait du bien, comme si je me retrouvais dans la sécurité primale du ventre de ma mère. Je me relâche peu à peu, laisse tomber une à une les herses acérées qui m'ont emprisonné à l'extérieur de moi-même, et les larmes viennent enfin me délivrer.

17

13 juillet 2011, 20 h 12

J'ignore combien de temps je suis resté prostré, anéanti, blotti dans les bras tièdes de Gwenaëlle. En revanche, je me rappelle que les types du Samu ont emporté le corps de Victor et que ma tante les accompagnait. Ils sont venus m'annoncer qu'ils s'en allaient. Je suis descendu avec Gwen et j'ai alors aperçu le visage d'Hélène, qui portait encore la trace des coups de la veille. Son œil gauche était bordé d'une tache épaisse dans les tons violets et jaune foncé. Sa lèvre supérieure avait doublé de volume.

Le toubib m'a pris un instant à l'écart, aussi interrogateur que péremptoire.

— Qu'est-ce qui s'est passé, ici ?

Dans l'état de délabrement où je me trouvais, je n'ai pas pu mentir.

— Ils se sont disputés, hier soir. Mon oncle l'a frappée.

Le médecin m'a observé d'un air qui ne m'a pas plu du tout. Il a jeté un bref regard vers Hélène et il a poussé un long, un très long soupir.

— C'est bien ce que je craignais…

Gwen s'était approchée de ma tante pour la réconforter. Elle a rencontré mes yeux par-dessus son épaule.

« Fais quelque chose… » semblait-elle me dire.

— C'est Victor qui a déclenché la dispute, ai-je ajouté pour faire bonne mesure. Il… il avait trop bu.

Pourquoi ai-je soudain ressenti l'urgence de protéger ma tante ? Pourquoi ai-je choisi de ne pas révéler le motif réel de l'affrontement ? Elle avait l'air tellement désemparée, tellement fragile… Je n'ai pas pu parler de ce que mon oncle lui reprochait. Pas comme ça, pas devant des inconnus que cela ne concernait pas.

L'urgentiste s'est détourné de moi. Il savait ce qu'il voulait savoir, probablement, et il s'est désintéressé de mes maigres explications. Les deux infirmiers ont alors monté une civière à l'étage. Ils ont redescendu Victor en faisant très attention à ne pas le faire tomber dans les marches raides de l'escalier.

Lorsqu'ils sont passés près de moi, j'ai contemplé le visage détendu de mon oncle, dont les lèvres s'étaient scellées sur les dernières paroles qu'il avait tenté de me dire. Quelqu'un avait pensé à lui fermer les paupières. J'ai pu recommencer à respirer normalement lorsque le brancard a franchi la porte.

À cet instant, j'ai aperçu l'expression de ma tante. Ses traits dévastés par la douleur et les coups reflétaient autant de tristesse que de soulagement. Je me suis alors rappelé l'expression de terreur dans les yeux de Victor lorsqu'il l'avait vue entrer dans la chambre un soir, après l'une de ses crises.

C'est le moment où j'ai ressenti le premier soupçon, l'horrible sentiment d'avoir été le jouet d'une tragédie qui m'échappait totalement.

Seulement, même ce jour-là, j'étais encore très loin de m'approcher de la vérité…

18

9 juillet 1979, 8 h 45

J'ai pris la 2 CV pour suivre le fourgon à distance. Comme trois jours auparavant pour Victor, j'ai rassemblé en hâte quelques habits pour Hélène, pensant qu'elle ne rentrerait peut-être pas le soir même.

Je conduis lentement, accablé par l'émotion de la matinée. Gwen est assise à côté de moi. Elle garde un silence lointain en regardant les collines. Je ne souhaitais pas lui imposer cela. Si j'avais pu imaginer que mon oncle mourrait devant ses yeux, je n'aurais jamais accepté qu'elle m'accompagne.

Arrivé devant chez elle, à la sortie du village, je m'arrête et me tourne vers elle. Elle acquiesce en hochant doucement la tête. Avant de pousser la porte de la 2 CV, elle se penche vers moi et dépose un rapide baiser sur mes lèvres.

— Bon courage…, me dit-elle à voix basse.

Je la remercie d'un pauvre sourire. Elle a compris que je voulais rester seul. Elle n'insiste pas. Sa mère est sur le pas de la porte. Nos visages graves l'empêchent de s'approcher. Je suppose qu'elle devine que quelque chose de terrible est arrivé.

Gwen sort de la voiture et me fait un petit signe de la main.

Je passe la première et accélère sans regarder en arrière.

Lorsque j'arrive à la morgue, à l'hôpital, Hélène est assise dans le couloir, sur le bord d'une chaise aux montants métalliques chromés. Elle a le dos droit, les yeux rougis par les larmes, et répond aux questions d'un gendarme renfrogné qui prend des notes sur un calepin.

— Qu'est-ce qui se passe ? demandé-je, surpris par la froideur du fonctionnaire.

Interrompant son interrogatoire, le gendarme me jette un regard peu amène.

— Vous êtes ?

— Et vous ? Qu'est-ce que vous faites ? Vous ne voyez pas que son mari vient de mourir ?

Les sourcils de l'homme se rejoignent sous l'effet de la colère qui crispe soudain ses traits.

— On se calme, jeune homme ! tonne-t-il. C'est moi qui pose les questions, ici !

— Mais quelles questions, bordel ?

— Franck…

La voix éteinte de ma tante m'alarme, et je repousse le gendarme du bras pour m'accroupir devant elle. Elle lève sur moi un regard que je ne lui ai jamais vu. Elle a une expression totalement éperdue. Je sens alors instinctivement qu'un grand vide va s'ouvrir sous mes pieds.

— Le médecin va pratiquer une autopsie sur le corps de Victor, dit-elle d'une voix blanche.

L'hôpital s'écroulerait soudain sur mon dos que je n'aurais pas l'air plus abruti.

— Une autopsie ? Mais…

Une main ferme se pose sur mon épaule, me forçant à me retourner. Le gendarme tend un doigt nerveux vers moi. Il n'a absolument pas l'air de plaisanter.

— Un seul autre mot, un seul autre geste comme ça, mon garçon, et je vous passe les menottes séance tenante. C'est bien compris ?

Mon regard passe de l'homme à la mine sévère au visage effondré d'Hélène.

— Mais qu'est-ce que ça veut dire ?

Ma question s'adresse à l'un comme à l'autre, mais c'est lui qui y répond par un ordre.

— Qui êtes-vous ?

— C'est mon neveu…, prononce difficilement Hélène.

Et comme je ne réagis pas assez vite, il bascule la page de son calepin sur une feuille blanche, et je l'entends me demander :

— Nom, prénom, date de naissance, adresse civile et lien de parenté avec la victime.

Là-dessus, il me jette un méchant coup d'œil et ajoute, d'un ton qui ne souffre aucune objection :

— Je n'ai pas toute la journée, je vous préviens.

Machinalement, vaincu par son autorité un peu agressive, je lui décline mon identité. Il me demande mes papiers, vérifie que je lui ai dit la vérité, puis me les rend sèchement avant de reprendre ses questions.

— Où étiez-vous hier, entre 20 heures et 6 heures du matin ? Votre tante m'a dit que vous n'étiez pas chez elle et qu'elle ignorait où vous étiez parti.

— Je… C'est exact. Elle dormait dans le salon quand j'ai quitté la ferme. Victor venait de la cogner. J'ai eu besoin de souffler. De changer d'atmosphère. Je suis allé au café, sur la place. Pourquoi ?

— Quelqu'un peut prouver vos dires ?

Quelqu'un peut prouver mes dires ? Mais qu'est-ce que c'est que cette connerie ?

— Les trois quarts des jeunes du village étaient là. Ça vous suffit ?

J'ai monté la voix, mais il est trop tard pour revenir en arrière. Cependant, mon ton a dû sonner juste, car l'officier ne relève pas. Il me considère avec attention, puis note quelques mots sur son calepin. La colère commence à refluer dans mes veines. Le silence du gendarme et la mine consternée d'Hélène m'oppressent au-delà du tolérable.

— Est-ce que quelqu'un va enfin me dire pourquoi ma tante et moi nous retrouvons en train de répondre à un interrogatoire de police à la morgue ? demandé-je en essayant de dominer mon angoisse.

— Moi, je vais vous le dire, assène une voix forte derrière moi.

Je fais volte-face et me retrouve nez à nez avec le docteur Carrier, qui tient une fiche à la main. Sa physionomie est encore plus sombre que la première fois que je l'ai vu. Il braque un regard noir sur Hélène et sur moi, puis il a un coup d'œil entendu avec le gendarme qui s'est insensiblement rapproché de moi.

— J'ai procédé à une analyse de sang complète de votre défunt mari, madame Delerme. Les examens ont révélé de quoi il souffrait depuis plusieurs semaines et dont je me doutais, sans en avoir la preuve. Celui de son urine a confirmé le diagnostic. Je suis à présent en mesure de vous révéler les causes exactes de sa mort.

Devant le silence qui suit ses paroles, il se racle légèrement la gorge et abaisse ses lunettes sur son nez.

— Quoique j'imagine que vous le savez déjà…

La phrase met une longue seconde à trouver un sens dans mon cerveau, mais le médecin n'attend pas que j'aie fini de mesurer ce qu'impliquent ses paroles. Le regard du gendarme ne quitte pas le visage d'Hélène.

— Votre mari est mort à la suite de l'absorption d'une dose massive d'*Aconitum vulparia*, madame Delerme. C'est aussi simple que cela.

Hélène secoue la tête, pas certaine d'avoir bien compris.

— Victor ne prend aucun médicament de ce nom-là, docteur. Je m'en souviendrais, c'est moi qui lui donne tous ses remèdes…

Le médecin rajuste ses lunettes en haut de son front. Il a une ébauche de sourire sans joie qui me fait froid dans le dos.

— L'aconitine n'est pas un médicament, madame. Ou, plus exactement, elle ne l'est pratiquement plus, même à des doses infinitésimales. Cette molécule provient d'une plante ; une plante que la médecine a délaissée après un nombre de décès trop importants, dus à sa mauvaise utilisation. On en enduisait les pièges à loups, autrefois, pour éviter que les animaux ne s'enfuient en se rongeant une patte. Une variété, l'aconit napel, est présente un peu partout sur le territoire. Il suffit de 2 à 5 milligrammes de cette substance pour tuer un homme. Celle qui a tué votre mari appartient à la sous-espèce *vulparia*, sans aucun doute possible. Absente de notre région, mais tout aussi dangereuse, elle est beaucoup plus difficile à identifier. Mais quand on a une idée précise de ce que l'on cherche…

Le docteur Carrier pourrait donner un cours magistral à une bande d'élèves suspendus à ses lèvres dans un silence religieux. Mes yeux se sont agrandis sous le coup de l'effroi. Hélène a les joues noyées de larmes, la bouche tordue.

Carrier adresse un signe au gendarme et enfonce le clou.

— Votre mari a été empoisonné, madame Delerme. À petit feu. Avec de minuscules quantités pratiquement indécelables, et depuis très longtemps. La dose massive qu'il a ingurgitée hier soir vers minuit lui a été fatale. Je vous avoue que ça me pose un réel problème en ce qui vous concerne.

Le gendarme prend délicatement les mains d'Hélène, et avant même que j'aie pu réagir, j'entends le bruit caractéristique des menottes qui se referment sur ses poignets.

Ils ne m'ont pas gardé très longtemps, à la gendarmerie. Après mon interrogatoire, lorsqu'ils ont eu confirmation par les docteurs Jouve et Palmer que je n'étais pas encore arrivé à la Renardière en juin, au moment où Victor a commencé à avoir des malaises, ils m'ont demandé de rentrer chez moi. Ils ont refusé que je parle à Hélène. Quelqu'un a prononcé les mots « garde à vue » et l'on m'a poussé dehors en me demandant de ne pas quitter la ferme durant quelques jours.

En sortant, j'ai aperçu Albert qui arrivait par la porte arrière du bâtiment, encadré par deux gendarmes. Lui, au moins, avait les mains libres.

Je rentre lentement avec la Citroën, incapable de penser à autre chose qu'aux paroles prononcées par Carrier, le médecin hospitalier.

« Votre mari a été empoisonné, madame Delerme... depuis très longtemps... la dose plus massive ingurgitée hier soir lui a été fatale... »

Hier soir...

Je me remémore la gifle qu'Hélène, hors d'elle, a assénée à Victor, au moment du dîner. Je repense au coup de poing qui a suivi, et qui a sonné ma tante en la défigurant. Je repense à l'attitude protectrice du boulanger envers elle, lorsque je les ai surpris par la porte entrouverte de la boutique.

Et ces crises à répétition, qui ne cessaient que lorsque Victor était en observation à l'hôpital...

Quelle autre explication que celle que je refuse de voir ?

Je serre les dents, submergé par des sentiments contradictoires et totalement déstabilisants. Animée par la rage et le désir de se venger, ma tante a-t-elle servi à Victor cette dose mortelle d'aconit en même temps que ses médicaments ?

Hélène a-t-elle assassiné mon oncle ?

Contre toute évidence, je ne peux pas y croire. Ma tante, une meurtrière ? C'est impossible. Je refuse de l'admettre. J'évoque son visage si doux, ses cheveux blond cendré qui lui entourent le visage comme une auréole d'or pâle, son sourire délicat, ses mains fines et ses bras blancs…

Ses bras qu'un autre homme que Victor convoite. Son corps sucré qu'il doit écraser au fond d'un lit qui sent le pain frais, ses promesses chuchotées à voix basse de peur que quelqu'un les entende et les trahisse. Ses projets à jamais avortés à cause de la présence du mari, de celui qui détient les biens.

Et qui gêne…

Non !

Je frappe le volant de toutes mes forces. Les larmes me montent tellement vite aux yeux que je suis obligé de m'arrêter sur le bord de la route. Je n'y vois plus rien. Une voiture klaxonne en me doublant, appréciant peu l'embardée que je viens de faire pour me garer en catastrophe, vaincu par la bousculade de mes pensées qui s'entrechoquent sans que je puisse y mettre bon ordre.

Et Albert ? Où était-il hier soir ? N'aurait-il pas pu, lui aussi, verser le poison mortel à mon oncle ? Mais pour quelle raison ? Aurait-il un intérêt quelconque à le voir disparaître ? Des parts dans la ferme ? Un testament en sa faveur ? Un legs de terres ?

Que sais-je de la vie de ces trois-là, finalement ?

Lorsqu'il est sorti de la cuisine, pendant la dispute, était-ce par pur souci de discrétion, pour ne pas être impliqué dans la querelle, ou pour accomplir un noir dessein connu de lui seul ?

Je me tords les mains sur le siège, assailli par des doutes qui mettent en cause pour meurtre des gens que je connais depuis mon enfance. *Des gens qui sont ma famille !*

Je me redresse, me ressaisis. Je ne suis pas du côté de la gendarmerie. Je ne porte pas d'accusations inconsidérées. Hélène et Albert ont été arrêtés par erreur. Il n'y a pas d'alternative.

Je passe la première et reprends la route vers le village après avoir essuyé mes joues trempées. Quelques kilomètres plus loin, ma peau a séché avec le vent chaud qui, en balayant les champs moissonnés, soulève des nuages de poussière ocre autour des ballots de paille entassés.

Tandis que j'approche de l'entrée de Valloise, en vue de la maison aux volets jaunes, je distingue une silhouette. Je reconnais ses cheveux de loin. Les bras croisés nonchalamment sous la poitrine, une semelle relevée contre l'autre cheville, elle tente un sourire tandis que je ralentis à sa hauteur.

Gwen.

Je pousse un soupir de soulagement avant même de m'en rendre compte. Je crois n'avoir jamais eu aussi envie de parler à quelqu'un. Les mots me brûlent la langue. Il y a trop à dire, trop de questions sans réponses, trop de trous noirs.

C'est alors que je discerne une deuxième silhouette restée collée au mur de la maison.

Isabelle.

Je suis assis sur le canapé, dans le salon de sa mère, où elle m'a pris la veille par la main pour m'emmener dans sa chambre. Gwen a pris place dans un fauteuil face à moi et me désigne Isabelle du menton.

— Isa m'a appelée, Franck. Comme elle te l'a dit, son père travaille à la gendarmerie de Saint-Jérôme. Ils ont eu un appel de Guéret, tout à l'heure, qui les a mis au courant de la situation.

Je ne sais pas quoi répondre. Je hoche vaguement la tête en direction d'Isabelle.

— Il y a une chose qu'il faut que tu saches, Franck, poursuit Gwen, c'est que Paul n'est pas le seul à avoir perdu la vie dans ce virage, cette année-là.

Je regarde Gwen avec le sentiment d'avoir encore raté une marche dans ma compréhension des événements.

— Quoi ?

Isabelle plonge la main dans la sacoche qu'elle porte en bandoulière. Elle en sort une pochette de carton munie d'élastiques et la pose devant moi sur la table de salon. Je regarde la chemise comme si elle allait soudain se dresser pour me mordre.

— Qu'est-ce que c'est ? demandé-je platement.

Mais une petite voix me susurre à l'oreille que je le sais déjà.

— Le rapport établi par les gendarmes le jour de la mort de Paul, répond Isabelle d'une voix tendue. J'y ai ajouté celui rédigé à la suite du décès du vétérinaire Guy Hermier, qui s'est tué trois mois plus tard dans un accident de voiture. Dans le même virage.

Gwen se penche vers moi. Elle plante ses yeux bleus dans les miens. Son regard est à présent d'une intensité glaciale.

— C'est un endroit qui porte la poisse, tu ne trouves pas ?

19

9 juillet 1979, 11 h 16

— Raconte…, demandé-je d'un ton abrupt.

Isabelle a le regard bas, fuyant, comme si elle devait prêter serment devant un tribunal alors qu'une culpabilité avérée pèse sur ses épaules. Elle jette un œil à Gwen, qui l'encourage d'un maigre sourire.

— Le jour où Paul…

Elle bat des cils, se reprend. Elle esquisse un geste énervé, comme pour éloigner d'elle des pensées importunes.

— Paul n'est pas allé à la pêche, ce jour-là, lance-t-elle. Il n'a jamais été question qu'il y aille. On devait…

Elle hésite. Gwenaëlle pose la main sur son avant-bras pour l'inviter à poursuivre.

— On devait… coucher ensemble. C'était… la première fois. Pour tous les deux. Ton…

Elle lève un regard douloureux sur moi, et se lance.

— Paul avait peur, et moi aussi. Alors, quand on s'est retrouvés chez moi, pendant que ma mère était partie en ville, on n'a pas su comment s'y prendre. On était terrorisés, tous les deux, mais… on avait très envie de le faire. Paul a… enfin… il avait un peu d'herbe, cachée dans la grange de ton oncle. Il m'a dit que… peut-être… si on fumait un peu… ce serait plus facile.

Je contemple Isa en silence, intégrant au fur et à mesure les éléments qui me manquaient dans le déroulement de la dernière journée de mon cousin.

— Paul est reparti avec sa mobylette, poursuit-elle. Il avait l'idée de la cacher au bord du lac et de se rendre à la ferme à pied, pour ne pas faire de bruit. Il ne voulait pas être pris la main dans le sac avec sa petite réserve d'herbe. Il a dit que si son père tombait là-dessus, il lui ferait une tête au carré.

Elle laisse passer un léger silence, puis se prend le front dans les mains.

— Je ne l'ai jamais revu vivant…

Isa se met à pleurer doucement, tandis que j'entends en moi des pièces détachées du puzzle qui claquent en trouvant leur place. Je vois la scène comme si j'y étais.

Paul est arrivé à pied, en silence. Il a surpris le vétérinaire avec Hélène, couchés dans la grange à même le foin. Ils pensaient être tranquilles, à l'abri, même si Victor, Albert ou Paul rentraient plus tôt que prévu. Comment auraient-ils pu anticiper le grain de sable du sachet d'herbe caché dans le seul endroit où personne n'était supposé débarquer en plein milieu de la journée ? Paul s'est alors enfui directement dans sa chambre, la honte et la rage au ventre, pour jeter sa colère et son désarroi sur son carnet intime, qu'il n'utilisait plus depuis des mois. Il est ensuite reparti, toujours à pied, chercher son engin au bord du lac.

Combien de temps cela lui a-t-il pris ? Une demi-heure ? Une heure ? Deux ? Comment savoir ? Est-il resté prostré dans un fossé pendant un moment, a-t-il décampé pour s'éloigner le plus vite possible de cette mère indigne ?

Et elle, l'a-t-elle aperçu ? Lui a-t-elle couru après pour le rattraper ?

Non, bien sûr. Sinon, il n'aurait pas eu l'idée de monter dans sa chambre pour évacuer sa colère sur du papier. Une pensée me traverse soudain comme un trait de lumière.

Hermier ! C'est lui qui l'a certainement vu ! Il a terminé ce qu'il était en train de faire et il est reparti. Lui, il était en voiture, comme un vétérinaire ordinaire en visite. Il a dû rencontrer Paul au bord de la route, il a dû…

— Franck ? Ça va ?

Je sursaute. Gwen m'observe attentivement, l'air inquiet. J'étais déjà loin. Tant de choses s'expliquent mieux à présent. Si Paul n'avait pas son casque, c'est qu'il l'avait laissé avec la mobylette avant de remonter à pied vers la ferme. Si le corps était plus loin du cyclomoteur que ce que la chute laissait présager, c'est parce qu'il n'était pas dessus quand il a eu le crâne réduit en bouillie.

Le cœur battant, j'agrippe soudain l'accoudoir du canapé.

Si la mobylette a été fracassée, c'est que celui qui a tué Paul a voulu faire croire à un accident. Mais… et la trace de dérapage… Hélène a vu cette trace. Elle m'a montré où elle était, très exactement, juste devant le caillou blanc prisonnier du bitume.

Pourquoi, dans ce cas, a-t-elle été ignorée dans le rapport de gendarmerie ?

La vérité m'apparaît alors dans un éclair aveuglant.

Cette trace n'était pas celle de l'engin de Paul, mais celle du véhicule de son meurtrier.

Et si elle ne figure pas sur ce rapport, c'est qu'elle a été effacée entre le moment où Hélène s'est précipitée pour voir l'endroit où son fils était mort et celui où les gendarmes sont venus faire leurs constatations.

Je cogne du poing sur la table basse. Ça ne colle pas ! Hélène n'a pas pu voir cette trace, car les gendarmes sont arrivés avant elle. Et si eux ne l'ont pas vue, c'est qu'il n'y en avait pas !

Alors comment, dans ce cas, peut-elle prétendre l'avoir aperçue ? Ou, pire encore, qui après coup a tracé cette marque sur le sol pour faire croire au dérapage de la mobylette ?

— Franck… Qu'est-ce qu'il y a ?

Je me lève d'un bond. Il faut que je vérifie quelque chose. J'attrape le dossier qu'Isabelle a apporté, et je pose un baiser rapide sur les lèvres de Gwen.

— Ce soir, viens à la ferme. Vingt heures. D'accord ? Je t'expliquerai.

Je file à la porte, me tourne vers Isa.

— Merci.

Elle acquiesce silencieusement, les épaules voûtées. Elle ne me regarde pas partir à grands pas.

La ferme est plongée dans un silence sépulcral uniquement troublé par les gémissements de Tom. Le pauvre chien est affamé et il ne comprend pas ce qu'il se passe.

Je remplis sa gamelle et monte chercher le carnet de Paul. Ses mots me sautent au visage une nouvelle fois.

« Salope ! Salope ! »

Je redescends aussitôt pour me diriger vers la grange en empruntant le chemin par lequel Paul est arrivé, ce jour-là. Ce n'est pas difficile à deviner. Venant du lac, il a dû passer par la cabane et déboucher sur l'arrière de la grange, l'endroit le plus reculé de la ferme. Je me penche comme il a dû le faire pour vérifier que la voie était libre.

Je me redresse. Si Paul n'a pas pu récupérer son sachet d'herbe et si Isa m'a dit la vérité, il doit être encore là, coincé quelque part entre les poutres, le long d'une mangeoire, ou dissimulé dans un nid d'hirondelles. Je scrute les longerons de bois, les anfractuosités produites par l'éclatement des morceaux de chêne. Au bout d'une heure environ, je repère ce que j'aurais moi-même choisi comme cachette si j'avais dû en adopter une. Il faut grimper sur un abreuvoir et tendre la main bien haut par-dessus un renfort de charpente pour y glisser les doigts. J'y enfonce les miens et le contact d'un sachet de plastique m'électrise.

Ça y est!

Je remonte ma prise, puis je contemple les feuilles sèches qui ont perdu toute leur couleur. J'ouvre le sachet. L'odeur caractéristique m'effleure le nez. Je ferme les yeux, conscient que je viens de soulever un angle du voile qui recouvre cette funeste journée de la mort de Paul. Isa m'a dit la vérité. Ce qu'elle en sait, en tout cas.

Je consulte ma montre. Il n'est pas encore 13 heures. Il me reste une chose à faire, maintenant.

Il faut que je trouve où est caché le poison.

De retour dans la maison, une question me vient à l'esprit. Où peut-on trouver de l'*Aconitum vulparia*? Carrier a dit devant moi que la plante était répandue, mais pas en Auvergne. Je dois vérifier. Il y a une grande encyclopédie dans la chambre de Paul. Je grimpe l'escalier en courant et je rapporte le gros volume en bas, sur la table de la cuisine. Trouver ce que je cherche ne prend qu'un instant.

L'Aconitum vulparia, ou aconit tue-loup, est une plante subalpine, qui pousse jusqu'à deux mille quatre cents mètres d'altitude. Elle fait partie de la famille des renonculacées. Elle contient plusieurs alcaloïdes, dont l'aconitine, poison mortel pour l'homme. La dose létale est, effectivement, comme l'avait annoncé Carrier, de 2 à 5 milligrammes par voie orale. Suit une description des symptômes d'empoisonnement, qui me laisse pantelant, les mots oscillant devant mes yeux.

Vomissements, paralysie progressive, asphyxie, baisse de la température…

Je saute quelques lignes plus bas. À des volumes très faibles, la plante est utilisée depuis longtemps comme analgésique, antirhumatismal, ou sédatif. Elle sert aussi à combattre les douleurs névralgiques et les toux spasmodiques.

Pensif, je referme l'encyclopédie. Cette plante a deux faces, deux principes qui s'opposent. L'un permet de soigner des gens, et l'autre, mortel, les tue. Seulement, il y a un détail important. L'aconit tue-loup est une plante des montagnes. On ne la trouve donc pas par ici dans la nature.

Comment Hélène a-t-elle fait pour se la procurer ? Ce type de produit ne se vend pas par correspondance, tout de même !

Le poison a donc forcément été absorbé lors d'un surdosage de médicaments, ou d'un produit chimique qui le contenait. Les gendarmes sont persuadés qu'Hélène l'a fait ingérer à Victor, mais rien ne le prouve formellement. Ça peut être Albert, aussi. Ou encore le boulanger. Ou le toubib. Le premier, Jouve. Et Palmer ensuite. Ils ont pu s'y mettre à plusieurs pour déjouer les recherches…

Hors d'haleine, l'encyclopédie sous le bras, je m'immobilise en haut de l'escalier menant aux chambres. Je commence à délirer. À penser n'importe quoi.

À plusieurs…

Et pourquoi pas, tiens ? *Mais dans quel intérêt ?*

Je m'ébroue, reviens à la réalité. Ma tante est en garde à vue. On la soupçonne d'avoir assassiné mon oncle avec des extraits de plante toxique. Mais elle n'a pas pu se procurer cette plante. Pas sans l'aide de quelqu'un. Je me remémore ce que je viens de lire, le fais tourner en boucle pour bien m'en imprégner.

Cette plante était autrefois utilisée en médecine à des doses très faib…

Je me fige.

En médecine, d'accord, oui… *Et en soins vétérinaires ?*

Et si ce produit, c'était Hermier qui le lui avait fourni ? Et si ma tante avait attendu tout ce temps après l'accident du vétérinaire, pour être certaine qu'on ne pourrait pas remonter jusqu'à elle ? Hermier et Hélène… Hélène et Hermier… Le duo diabolique, prêt à tuer un vieil homme de sang-froid pour filer ensemble le parfait amour, une fois les obsèques consommées…

Je me frotte les yeux, conscient que je commence à dérailler. Il faut que je mette un terme à ces fantasmes morbides, que je me ressaisisse.

Une question, néanmoins, me taraude. Pourquoi la gendarmerie n'a-t-elle envoyé personne saisir les médicaments de Victor afin de les analyser ?

Je me glisse jusqu'à la chambre de mon oncle et comprends vite que les officiers n'auront pas besoin de venir fouiller la maison. Toutes les boîtes de remèdes ont disparu. Les médecins ont dû les emporter quand ils ont emmené le corps.

Soudain très las, je m'assieds sur le lit, et je contemple, horrifié, la pièce où Victor est mort quelques heures auparavant. C'est alors que je me souviens du rapport qui m'attend sur la table de la cuisine.

PV N° 00278/1 975
Lieu-dit lac de la Viourle

Nous, gendarme Jean-Marc Ravielle, sous l'autorité de l'adjudant Robert Féval, rapportons les faits suivants :
La brigade a été appelée à 16 h 48 par M. Victor Delerme afin de venir constater le décès de son fils Paul au bord du lac de la Viourle.
Nous constatons la présence du corps d'un jeune homme décédé sur la berge du lac. La personne en question

présente un enfoncement de la boîte crânienne sur le côté droit, qui semble être la cause de la mort. Le père du jeune homme déclare avoir sorti le visage de son fils de l'eau afin de tenter de le ranimer sans succès. L'identité de la victime est établie comme étant celle de Paul Delerme, fils unique de Victor et d'Hélène Delerme, demeurant ferme de la Renardière, sur la commune d'Armilliers-sur-Taurion. La mort semble remonter à au moins deux ou trois heures. Le corps de la victime a été découvert vers 16 heures environ par M. Léon Favan, retraité, résidant 12, rue des Mésanges, à Valloise. Celui-ci a immédiatement prévenu M. Delerme, qui se trouvait au village, quand il a constaté le décès. M. Favan a déclaré ne pas avoir déplacé le cadavre.

Nous constatons également la présence, en contrebas des rochers bordant la route, du véhicule usuel utilisé par le jeune homme pour se déplacer. L'engin est tombé lourdement, et s'est écrasé contre un arbre qui l'a bloqué juste avant le chemin longeant la berge. La fourche est complètement pliée, et une pédale a été arrachée pendant la chute. Elle est coincée entre deux pierres, à deux mètres environ du sommet de l'éboulis.

Le casque de la victime est retrouvé sur le sol, à proximité du corps. D'autre part, l'examen des lieux ne révèle aucune autre cause de la chute mortelle du jeune homme que la vitesse probablement excessive de son véhicule dans ce virage.

La dépouille de Paul Delerme est recueillie par le Samu de Guéret, intervenu peu avant notre arrivée, et va être immédiatement transportée à la morgue de l'hôpital. L'adjudant Robert Féval, à la demande de M. Delerme, se charge d'aller prévenir la mère de la victime. M. Delerme souhaite que sa femme Hélène ne voie pas son fils dans cet état. Il l'accompagne lui-même dans le fourgon jusqu'à la morgue.

Certifié conforme
Les témoins :
- Dr Michel Jouve, médecin à Valloise
- Victor Delerme, agriculteur à Armilliers

Procès-verbal fait et clos au lieu-dit lac de la Viourle, Armilliers-sur-Taurion, le mercredi 19 février 1975 à 19 h 35.

Suivent, tout en bas du document, les trois signatures soigneusement apposées.

Je lève le nez. Aucune mention de la trace de dérapage, effectivement. Et pourtant, Hélène m'a dit l'avoir vue de ses propres yeux. Un détail me frappe.

19 h 35. Le 19 février. À cette heure-là, en plein hiver, il faisait nuit. Le gendarme Ravielle et ses hommes n'ont peut-être tout simplement pas aperçu la marque sur le bas-côté, à la simple lueur de leurs torches. Le temps passé près du corps de Paul les a peut-être retardés dans leurs recherches sur le site. Mais cette hypothèse ne me convainc pas. C'est leur boulot. Ils n'auraient pas manqué ça.

Mais alors… si elle y était réellement, comment Hélène a-t-elle pu la voir, puisqu'elle est arrivée après eux en pleine nuit ?

Je tente de me souvenir des paroles exactes de ma tante, le jour où nous nous sommes arrêtés tous les deux au bord de la route, au-dessus du lac. Si ma mémoire est bonne, elle n'a pas mentionné qu'elle avait *vu* la marque. Elle a dit : « Il y avait une marque de dérapage sur les gravillons, en provenance du village… »

Il s'agit peut-être de ce qu'on lui a *affirmé* qu'il y avait.

Il n'y avait peut-être *rien du tout,* sur les gravillons.

Parce que Paul n'est jamais tombé dans les rochers, et qu'on voulait qu'elle croie le contraire.

Qui est arrivé le premier sur les lieux ? Léon Favan. Mort et enterré. Il ne pourra pas m'apprendre grand-chose. Qui a appelé les gendarmes ?

Victor...

Je contemple la couverture du second rapport, celui de la mort du vétérinaire. La date de son décès est inscrite dessus, sous son nom : « 2 mai 1975 – 23 heures environ ».

J'ouvre la chemise cartonnée et parcours le compte-rendu. C'est un autre gendarme, l'adjudant Michel Rampion, qui a constaté l'accident, dans le même virage. La berline a quitté la route à la sortie de la courbe. Quelques mètres encore, et le conducteur aurait pu redresser la trajectoire. Les traces de pneus sur le bitume montrent qu'il a voulu éviter quelque chose, sûrement un sanglier, qui pullule dans la région. La voiture est partie dans des embardées qu'il n'a pas pu contrôler. Elle a quitté la chaussée au-dessus du vide. Elle s'est écrasée dix mètres en contrebas et elle a pris feu. C'est la lueur des flammes qui a alerté un habitant du village qui promenait son chien le long de la route. Il avait vu la voiture passer très rapidement en direction de la ferme quelques minutes plus tôt. Il a tout de suite compris qu'il y avait eu un accident.

Victor Delerme a déclaré aux enquêteurs qu'il avait appelé M. Hermier à cause d'une vache qui vêlait et dont le petit se présentait mal. La vache est morte dans la nuit. Le veau n'a pas pu être sauvé. Les deux animaux ont été vendus à un équarrisseur qui est venu les chercher le lendemain.

Victor...

Toujours Victor…

Je referme le dossier et me masse les globes oculaires pour évacuer un peu de la tension accumulée. J'ai bien peur de commencer à comprendre ce qui s'est réellement passé, ici, il y a quatre ans.

Paul a surpris sa mère et Hermier ensemble. Il s'est enfui après avoir jeté sur son carnet intime une trace écrite de ce qu'il avait vu dans la grange. Hermier a alors pris le chemin du retour. Il l'a aperçu près de l'étang et est allé le rejoindre. Il a dû essayer de lui parler. Paul lui a sauté dessus, en criant qu'il allait tout dire à son père. Ils se sont battus et Hermier l'a frappé. Mais il a frappé trop fort et il a tué mon cousin. Il a ensuite voulu maquiller son crime en accident. Il a fait rouler la mobylette, puis l'a projetée du haut des rochers dans le vide. Seulement elle n'est pas tombée bien loin, une pédale coincée entre deux grosses pierres. Hermier est alors descendu dans l'éboulis. Il a forcé sur le guidon pour la renvoyer encore plus bas et le métal de la pédale a cédé, sans qu'il s'en aperçoive. Cette fois, le cyclomoteur est allé s'écraser contre un arbre. Mais le vétérinaire avait mal calculé l'angle de chute et la mobylette est tombée trop loin du corps de Paul. Trop tard. Il devait quitter les lieux. Il devenait trop risqué de rester là. Alors il s'est enfui.

Lorsque Victor est arrivé sur les lieux du drame, Hermier était déjà parti. Mon oncle a cru à un accident stupide, comme tout le monde.

Jusqu'à ce qu'il trouve le carnet de Paul dans sa chambre.

Là, il a dû se poser les mêmes questions que moi. Y apporter les mêmes réponses. Il avait dès ce moment-là plusieurs façons de réagir, mais il a choisi la plus définitive.

Je sais à présent que c'est Victor qui a tué Hermier. Même si je n'en ai pas la moindre preuve. Il a compris le rôle du vétérinaire dans la mort de son fils et il a voulu le venger. Je suis prêt à parier que Hermier était gaucher, ce qui explique que le crâne de Paul était enfoncé du côté droit. Je ne sais pas comment il s'y est pris, mais c'est mon oncle qui a causé l'accident du vétérinaire. Il a pris son temps, a attendu patiemment d'avoir une bonne raison pour le faire venir d'urgence en pleine nuit, et il lui a réglé son affaire loin de tout témoin. Et quel meilleur endroit que celui où Hermier avait perpétré son crime abominable ?

Ce n'est pas un hasard si j'ai retrouvé précisément là la pipe de Victor, grâce au flair de Tom. Je suis certain, à présent, qu'il l'avait perdue le soir où il a patienté dans l'ombre du bois jusqu'à ce que sa proie troue la nuit de la lumière de ses phares. Il a dû la chercher pendant un moment et il n'a pas réussi à remettre la main dessus. Il n'en a pas parlé à Albert ou à Hélène, car si elle était tombée, comme il s'en doutait, sur le lieu de l'accident, elle aurait pu mener quelqu'un jusqu'à lui. Cette pipe est restée là pendant quatre ans, enfouie progressivement dans la végétation, comme un témoin muet de sa vengeance.

Seulement, Hélène aimait Hermier. Si Victor lui a ensuite révélé ce qu'il avait commis pour punir le vétérinaire, pour la faire souffrir en la culpabilisant à propos de la mort de Paul, elle a pu avoir le désir de se venger aussi.

Et il l'a payé de sa vie à son tour…

20

13 juillet 2011, 20 h 36

J'étais assis exactement au même endroit qu'aujourd'hui lorsque Gwen est arrivée, ce soir-là. Il était assez tard. Sa mère lui avait demandé de ne pas sortir. Elle a dû argumenter un bon moment avant de la convaincre de lui laisser sa voiture pour la soirée. Elle est entrée à petits pas nerveux, le regard un peu inquiet. J'imagine qu'elle pensait me trouver complètement abattu, à la limite du pétage de plombs.

Mais je m'étais endormi, le front collé au dossier décrivant l'accident de Guy Hermier, vétérinaire rural et amant de ma tante. J'ai levé un front rougi par la spirale de la reliure, et j'ai mis un court laps de temps à comprendre où j'étais avant de la reconnaître.

Elle a ri devant mon expression un peu ahurie et je me suis soudain senti un peu plus léger. Je lui ai proposé quelque chose à boire, elle a refusé. Elle ne voulait pas rester trop longtemps. Elle m'a dit qu'elle était inquiète pour moi, qu'elle était juste passée voir si j'allais bien, et savoir de quoi je voulais lui parler quelques heures plus tôt.

Là, j'ai fait marche arrière. Ce que j'avais découvert ne regardait que Victor, finalement, et il avait emporté son secret dans la tombe. Il ne servait plus à rien de remuer le passé. Hermier avait payé pour ce qu'il avait fait à Paul.

Les protagonistes de cette histoire tragique avaient disparu. La justice ne pouvait plus réclamer son dû à qui que ce soit.

Je ne me souviens plus de ce que je lui ai raconté. Elle m'a regardé avec un air un peu surpris, comme si elle s'était attendue à autre chose, puis elle a allumé une cigarette. Elle a soufflé une longue bouffée avant de se lancer.

— Tu as écouté les infos, ce soir, à la télé ?

La question m'a pris de court. Je ne m'attendais pas à ça. J'ai senti mon cœur battre un coup à vide.

— Non. Pourquoi ?

Ses yeux bleus se sont posés sur moi avec une expression désolée. J'ai compris un peu tard que c'était parce qu'elle savait qu'elle allait me faire mal.

— Ta tante a été mise en examen. Pour meurtre.

Pour meurtre…

Aujourd'hui encore, je n'ai pas oublié l'éblouissement qui m'a alors étourdi. C'était comme si j'allais m'évanouir, alors que je savais que ce n'était pas le cas ; que je n'aurais pas cette chance, celle de sombrer un moment dans le repos de l'oubli. L'air de la cuisine est devenu soudain irrespirable. Je suis sorti dans la cour pour ne plus me sentir enfermé, piégé, dans cette pièce. Gwen m'a suivi, et elle s'est serrée contre mon dos en silence. Elle a noué ses bras bronzés autour de ma taille et elle est restée longtemps appuyée contre moi. Sa chaleur me faisait du bien. Au bout d'un long moment, bercé par sa respiration, j'ai repris pied, assimilé la nouvelle de l'arrestation d'Hélène.

— Ils ont trouvé quelque chose ? ai-je fini par demander.

J'ai senti sa joue bouger alors qu'elle hochait la tête.

— Le taux d'aconitine dans son sang aurait pu tuer trois hommes, il paraît. Les gendarmes ont révélé que des cachets suspects ont été analysés. Il s'agissait en fait de vrais comprimés

qui avaient été enrobés d'une mince couche de poison sous forme de poudre.

J'ai baissé la tête vers mes chaussures. Ainsi, la preuve était faite. Hélène avait porté le coup fatal dans un accès de colère, après que Victor l'avait frappée au visage, la veille. Elle qui le conduisait jusqu'alors vers une mort lente, d'une dose infinitésimale à l'autre pour mieux masquer le meurtre sous des accès de malaises incompréhensibles, elle avait craqué et administré à Victor une dose létale qui l'avait emporté. Le fait que des cachets aient été trafiqués, avant d'être soigneusement replacés dans leur emballage d'origine, prouvait la préméditation de son acte sans aucun doute possible.

La quantité de poison était trop forte, cette fois, et les analyses biologiques l'avaient trahie.

J'ai soudain pensé à Albert, dont j'étais sans nouvelles. Il avait dû être relâché. Sans véhicule pour rentrer de Guéret, il était peut-être resté en ville, à attendre un signe de ma part. Je me suis alors décollé de Gwen pour appeler la gendarmerie. Albert était toujours entendu comme témoin. On ne le laisserait sortir que le lendemain. Je pourrais passer le chercher vers midi.

Comme témoin… Ça voulait tout et rien dire à la fois. Pensaient-ils que le vieil homme était complice d'Hélène ? Croyaient-ils qu'il en voulait à Victor au point de fermer les yeux sur son assassinat ?

Et qu'allais-je devenir, moi, au milieu de tout ça ? La réponse était évidente. Elle s'imposait d'elle-même.

Il fallait que je m'en aille.

Gwen l'avait déjà compris. Ses yeux clairs me renvoyaient l'image de mon départ prochain. Je l'ai prise par la main et j'ai voulu l'emmener vers ma chambre, mais elle m'a doucement fait comprendre qu'elle devait rentrer.

Je n'ai pas insisté.

J'aurais peut-être dû.

Je ne l'ai revue que six mois plus tard, le jour de l'enterrement de ma tante.

21

9 juillet 1979, 21 h 44

Gwen est partie, me laissant un goût amer sur la langue et le parfum de ses cheveux dans le cou. La maison est comme une coquille vide, d'où toute vie s'est envolée.

Seul, je tourne en rond en lorgnant la bouteille de pastis. J'aurais bien besoin d'un remontant, histoire de me chauffer un peu l'œsophage et de penser à autre chose. Mais loucher sur l'alcool m'évoque inexorablement mon père et ses excès. Je n'y toucherai pas.

Je m'assieds à la table, maussade, devant un piètre plat de pâtes au fromage. J'avale la première bouchée en grinçant des dents. J'ai mis trop de sel dans l'eau de cuisson. Je repousse l'assiette, dégoûté. Tom m'observe en silence, le museau entre les pattes. Il est curieusement calme, ce soir. Il a dû sentir que quelque chose ne tournait pas rond. Les chiens comprennent cela, il paraît. Des ondes que nous envoyons, je crois. Ou des odeurs. Je ne sais plus.

Je pense à mon bac, qui se présente sous de très mauvais augure, à présent. Je n'ai absolument plus le cœur à travailler. Qu'est-ce que je vais faire, ce soir ? Et demain ? Et le reste de mon existence ?

Je hausse les épaules, fataliste. Quelle importance ? Tout ce qui m'entoure s'écroule autour de moi. Mon père est en prison, ma tante aussi, mon oncle est mort. Je suis seul au monde.

Seul au monde.

Je prends soudain conscience que je n'ai pas appelé ma mère et qu'elle ne s'est pas manifestée non plus. Je saute sur le téléphone, tente en vain de la contacter. Se peut-il qu'elle n'ait pas vu les infos ? Qu'elle ignore encore que sa sœur est accusée d'avoir tué son mari ? La nouvelle n'a peut-être paru que dans les actualités régionales…

Je consulte la comtoise. Il est presque 22 heures. Elle devrait être chez elle. J'essaie encore une fois, sans succès.

Chez elle… Mais où est-ce, chez elle, en ce moment ? Je ne sais même pas où nous sommes censés habiter quand je vais rentrer. Mon retour était prévu fin août, mais je me vois mal rester à la ferme. Qu'est-ce que j'y ferais, à part ressasser les événements jusqu'à en être malade ?

J'irai chercher Albert, demain. Il m'aidera à voir plus clair en moi-même. Il me conseillera sur la conduite à tenir, sans parler qu'il aura peut-être besoin d'aide, lui aussi. Les récoltes sont terminées, mais on doit s'occuper des vaches, sûrement… ne serait-ce que les traire…

Le poids de la solitude m'écrase et me laisse le souffle court, la tête penchée sur mes mains moites. Je n'ai pas la force de monter dans ma chambre, ni le courage d'affronter l'escalier qui mène vers celles de Victor et de Paul. Leurs fantômes m'attendent dès que j'aurai fermé les yeux. Ils se poseront sur le bord de mon lit et m'appelleront en agitant leurs suaires pour que je les regarde en face.

Cette maison sent la mort. Elle exsude des murs comme du salpêtre, rampant inexorablement sur ma conscience comme une moisissure. Je ne peux pas dormir là-haut. Je ne le supporterai pas. Pas ce soir.

Je me lève un peu brusquement, faisant sursauter Tom qui s'était assoupi, et je m'allonge tout habillé sur les coussins du canapé. Du bout des pieds, je me débarrasse de mes baskets, que je jette sur le carrelage avant de me lover contre le dossier, l'esprit noyé d'idées noires.

La comtoise égrène les minutes, son bras claquant à intervalles réguliers. Je lui tourne le dos, mais c'est comme si je la voyais devant moi. J'ai laissé la lampe allumée. Je sais que le laiton poli du balancier renvoie l'image inversée et déformée de ce qui se trouve dans la cuisine. Au centre, tout semble démesurément gros, et les pourtours sont écrasés. Là sans doute où je me terre, ombre couchée sans visage, dans l'ovale du canapé qui sépare la tache foncée du carrelage de celle plus claire du mur.

Les minutes passent. Je ne parviens toujours pas à fermer les yeux.

J'ai peur de fermer les yeux.

Un bruit assourdissant me fait soudain sursauter. La lumière clignote un instant, s'éteint, puis se rétablit. Tom jappe de frayeur et se précipite sur mes jambes, les yeux affolés. Je mets un instant à comprendre que je me suis endormi. Les aiguilles de la comtoise indiquent 2 h 48.

Je m'ébroue en repoussant le chien qui cherche à me grimper sur le torse.

— Qu'est-ce qui…

Un deuxième coup de tonnerre déchire le ciel et s'abat juste à côté de la ferme, me réveillant tout à fait. La nuit s'illumine brutalement. À travers la fenêtre de la cuisine, je vois dehors comme en plein jour.

L'orage…

L'eau se déverse en trombes rugissantes, comme si un dieu venait de déchirer le ventre chargé des nuages d'un coup d'épée étincelant. Les tuiles résonnent du fracas de la pluie épaisse qui tombe en gerbes denses et, malgré la foudre, le rideau liquide occulte bientôt la silhouette dure de la grange.

Je me lève en donnant une caresse distraite à Tom.

— Là… Ne t'en fais pas, mon vieux… Au moins, celui-là, on savait qu'il allait arriver. Tant qu'on est à l'intérieur, on ne risque rien.

Le chien m'écoute. Il me pousse la main de la truffe.

D'accord, Tom.

Je le prends dans mes bras et m'approche de la fenêtre. Je sens son petit cœur qui bat très vite contre moi. Le vent s'est levé. J'entends des volets qui claquent, quelque part. Quand nous sommes partis pour l'hôpital, ce matin, il faisait beau. Personne n'a alors pensé à…

…fermer les fenêtres.

Une sueur glacée me coule brusquement dans le cou, comme si je venais de courir sur une longue distance par un jour d'hiver.

La chambre de Victor… Le médecin a ouvert la fenêtre pour laisser entrer un peu d'air. Il faut que j'aille la fermer.

— Tu viens, Tom ?

Je ne reconnais pas ma voix. Elle est blanche et chevrote comme celle d'un vieillard. Le chien me regarde, indécis, alors que je pose le pied sur la première marche, puis il se pose sur son postérieur.

Une main glacée serre mon cœur dans ses doigts. Je ne peux pas grimper seul là-haut. C'est au-dessus de mes forces.

— Allez, viens ! Viens, mon chien…

Je monte une deuxième marche et il se décide à m'emboîter le pas. Cette fois, c'est lui qui ne veut pas rester seul en bas. J'allume le couloir, puis me dirige à pas lents vers la chambre de Victor et d'Hélène. La porte est restée entrouverte. La lueur des éclairs projette sur le parquet les ombres aux angles vifs. Livrés à la bourrasque, les rideaux se soulèvent et oscillent comme les voiles déchirées d'un bateau dans la tempête. Un volet se rabat avec fureur et m'éjecte d'un coup de ma léthargie.

J'appuie sur l'interrupteur, provoquant une lumière crue qui me soulage un peu. Le sol est trempé. Il était temps que je réagisse. Je me penche dehors, attrape les volets récalcitrants et les verrouille, les bras trempés en quelques secondes. Derrière moi, les rideaux s'apaisent et glissent sur mon dos comme des ailes de grands oiseaux morts.

Un incoercible frisson me parcourt l'échine.

— C'est stupide..., dis-je à voix haute. C'est complètement stupide. Je suis seul avec Tom, ici.

Je me retourne et je vois soudain cet homme qui me regarde, les yeux exorbités. Il a les cheveux ruisselants et les pieds nus. Un voile entoure son corps comme un linceul. Les poils, sur ma nuque, se hérissent d'un seul coup. Je pousse un hurlement qui me traverse tout le corps comme une décharge électrique. L'inconnu crie, lui aussi, et il me faut quelques secondes pour comprendre que je suis terrorisé par mon propre reflet dans la glace de l'armoire de Victor.

Je me hâte de sortir de la chambre, les nerfs prêts à lâcher. Tom me regarde d'un air bizarre, comme s'il doutait tout à coup d'être en sécurité avec moi. Je passe devant la porte de Paul et je me force à la pousser une dernière fois.

Rien ne semble avoir bougé depuis ma première visite. Les objets qui ont appartenu à mon cousin sont figés à leur place, comme si l'éternité s'en était emparée. Que va-t-il advenir de tout cela, maintenant ? Qui va s'occuper du souvenir de Paul, de sa mémoire ? Je crois que Victor n'avait pas d'autre famille qu'Hélène et lui, avec ma mère et moi. Comment ma tante va-t-elle gérer la ferme, si elle est en prison ? Avec Albert ? Restera-t-il ici, seul, pour travailler pendant qu'elle purgera sa peine ? Mais qui le paiera ?

Je n'ai aucune réponse à ces questions. Et, à bien y réfléchir, elles ne me concernent pas. Je n'ai plus qu'une envie, à présent. Partir d'ici, et ne plus jamais y revenir.

22

13 juillet 2011, 21 h 07

Et pourtant, je suis revenu. Six mois plus tard, la première fois. Pour les obsèques de ma tante.

C'était un jour froid de janvier, un jour où un soleil terne, impuissant à évacuer le givre des vitres de la maison abandonnée, avait renoncé à réchauffer la terre.

Ma mère et moi avions erré dans Guéret toute la matinée, en attendant le rendez-vous prévu à 14 heures dans l'église de la prison, avant la mise en bière. Le maire de Valloise nous avait demandé de ne pas choisir celle du village, pour éviter un mouvement d'humeur des habitants, scandalisés par le meurtre de Victor. Le suicide de ma tante dans sa cellule, deux jours plus tôt, au moyen d'une lanière de tissu déchirée dans un vêtement, était l'ultime preuve de sa culpabilité et de ses remords, s'il en fallait encore une.

Les gens ne pouvaient empêcher son inhumation dans le caveau familial, aux côtés de sa victime, mais rien ne les forçait à accepter cette intolérable promiscuité avec une meurtrière. On ne ferait pas sonner les cloches de Valloise. Des habitants avaient même déposé une pétition à la mairie pour que le maire oblige la famille à enterrer Hélène dans une autre commune. Cela n'entrait pas dans ses pouvoirs, et il avait eu du mal à le leur faire comprendre.

Les morts n'appartiennent plus aux vivants. Seules les conséquences de leurs actes leur échoient.

Et je n'allais pas tarder à le savoir…

Nous avons déjeuné dans un petit bistrot d'un sandwich et d'un verre de vin blanc. Je crois que c'est la première fois que je buvais un verre d'alcool depuis le divorce de mes parents, deux mois auparavant. La morosité ambiante, les yeux mouillés de ma mère et la froideur qui nous attendait dans la prison avaient altéré ma volonté. Ma mère n'a rien dit. Elle s'est comportée comme si elle n'avait rien vu, comme si elle ignorait que je m'étais juré de ne plus jamais boire que de l'eau, pour ne pas ressembler un jour à mon père.

Quand nous avons eu fini notre maigre repas, nous avons repris le chemin de la prison, puis de nouveau franchi les portes d'acier, la tête basse et les mains enfoncées dans les poches pour résister au gel qui nous broyait les épaules. Le directeur de l'établissement nous a accueillis avec dignité dans un vieux costume trop court. Il souhaitait nous expliquer à quel point le séjour de ma tante en détention avait été difficile : quelques jours à peine après son incarcération, elle avait commencé à se mutiler le visage avec les ongles, et il avait fallu la mettre sous sédatifs pour éviter qu'elle se fracasse la tête contre les murs. Certaines gardiennes avaient peur de l'approcher. Mais personne n'avait pensé à la priver de sous-vêtements. Ma tante en avait profité pour mettre fin à ses jours d'une manière particulièrement pénible, il fallait l'avouer.

Ma mère avait tenu à ce que l'avocat de ma tante soit présent, pour démontrer l'incapacité de l'établissement pénitentiaire à prendre en compte la fragilité d'Hélène, ainsi que les risques qu'elle encourait à rester en détention. Mais ni les cris ni l'indignation de l'homme de loi n'ont pu venir à bout de l'inflexibilité du directeur. Il a refusé tout net d'endosser la moindre responsabilité dans le drame. Nous n'avions qu'à porter plainte, si nous avions du temps et de l'argent à perdre. La justice avait d'autres chats à fouetter que de se soucier du bien-être des criminels en cellule et du fait qu'ils aient envie de se pendre pour en finir une bonne fois pour toutes.

Le costume élimé s'est ensuite excusé, il avait une réunion l'après-midi même et ne pourrait assister à la cérémonie. Il nous a raccompagnés à la porte de son bureau en regardant sa montre, nous a vaguement indiqué le chemin, et nous avons arpenté seuls les couloirs gris et vides jusqu'à l'extrémité du bâtiment.

En avance, l'homme d'Église faisait les cent pas devant l'autel où le cercueil provisoire d'Hélène, fourni par la prison, avait été installé sur un trépied en acier. Les vitraux de la chapelle donnaient au jour des nuances bleutées et des reflets d'or apaisants. Les saints translucides dispensaient une lueur douce sur le bois rude de la bière.

Ma mère et moi étions seuls. Agenouillés, nous avons prié pour le salut d'Hélène, qui avait commis deux péchés mortels la destinant aux flammes éternelles de l'enfer. L'assassinat et le suicide.

Nous sommes restés longtemps devant le cercueil, dans le silence et le recueillement. L'odeur de l'encens, épaisse et entêtante, s'enroulait autour de moi comme une marée montante. Elle pénétrait dans mes narines avec force, me donnant presque la nausée.

Au bout de ce qui m'a paru durer des heures, ma mère s'est relevée. Elle a fait signe au curé que nous étions prêts. Il a alors actionné un bouton sur son pupitre et une musique lancinante s'est élevée dans l'église.

Je m'attendais à une cérémonie longue et ennuyeuse, elle n'a duré en fait qu'une vingtaine de minutes. Les employés des pompes funèbres sont venus chercher Hélène et l'ont installée dans le fourgon mortuaire, avant de se diriger vers la société funéraire qui devait procéder à sa mise en bière définitive.

Trois jours plus tard, le jour de l'enterrement, lorsque nous sommes arrivés à Valloise, derrière le fourgon, et que nous avons pris la route du cimetière, je me suis rendu compte que les rues du village étaient vides. Il n'y avait pas âme qui vive dehors. Jusque dans la mort, les habitants tenaient à recouvrir Hélène de leur mépris et de leur colère.

Le corbillard s'est engagé dans l'allée, entre les sépultures séculaires où reposaient en paix les ancêtres des villageois. C'est là que j'ai aperçu Gwen. Elle avait coupé ses cheveux et je ne l'ai pas reconnue tout de suite. Un gros bouquet de fleurs était posé sur le sol, à côté de ses chaussures vernies. Elle portait un épais manteau de laine qui cachait son corps. J'ai soudain ressenti une furieuse envie de la serrer dans mes bras. Près d'elle, un homme se tenait bien droit, le dos raide, presque martial. Il nous regardait approcher avec des yeux sans vie.

Albert…

Je me suis souvenu, à ce moment-là, qu'il avait quitté la ferme dans le courant de l'automne pour entrer dans une maison de retraite, à la suite d'un grave problème de santé. Je ne sais pas de quoi il s'agissait, mais je me rappelle avoir pensé que c'était une raison comme une autre pour couper définitivement le lien avec la Renardière.

Les hommes en noir ont sorti le cercueil du véhicule et l'ont déposé devant le trou. En m'approchant, je pensais apercevoir les poignées dorées de celui de Victor, qui reposait là depuis le mois de juillet. Elles ne devaient pas avoir eu le temps de ternir dans l'humidité du caveau.

Mais la tombe d'Hélène avait été creusée à l'écart, dans un endroit reculé du cimetière. Les villageois avaient fini par obtenir gain de cause. La criminelle ne serait pas ensevelie avec sa victime.

Ma mère s'est mise à pleurer. J'ai senti la main de Gwen chercher mes doigts.

Tout était déjà dit. Le cercueil a été rapidement descendu dans la fosse. Nous nous sommes retrouvés à quatre, sans quiconque pour venir nous transmettre ses condoléances. Le cimetière était silencieux, comme s'il se retenait de respirer le temps que l'enterrement soit définitivement consommé. Il n'y avait pas un oiseau dans les arbres, pas un frémissement de vent. Il faisait juste froid. Froid à fendre des pierres.

Au bout d'un long moment, les employés des pompes funèbres ont commencé à battre la semelle, un panache de vapeur leur sortant de la bouche tandis qu'ils soufflaient sur leurs mains pour les réchauffer. J'ai poussé Gwen du coude, puis j'ai fait un pas en arrière, bientôt suivi par ma mère et par Albert.

Réagissant au signal, les fossoyeurs ont commencé à jeter des pelletées de terre dure comme du béton, qui résonnaient sourdement en frappant le bois du cercueil.

Nous avons patienté un instant avant de lancer quelques fleurs dans le trou noir, puis nous sommes retournés vers la ferme où j'avais pris soin d'allumer la cheminée le matin même avant de partir à Guéret. Ma mère et moi étions arrivés tard la veille. La température avait mis la soirée à remonter lentement, degré par degré.

Le feu était pratiquement éteint quand nous sommes arrivés, mais j'ai pu le ranimer avec des branchages récupérés dans le stock de bois de la grange. Nous avons parlé longtemps à voix basse, comme si des esprits pouvaient nous entendre. Ma mère a fait du café, que nous avons bu en grignotant des gâteaux secs retrouvés dans un placard. Puis Gwen s'est levée pour partir. Je l'ai accompagnée à la grille de la ferme et je l'ai remerciée d'être venue.

Elle a penché la tête, s'est approchée de moi avec un air triste et m'a brièvement embrassé sur les lèvres.

— Tu ne reviendras pas, Franck, n'est-ce pas ?

J'ai baissé les yeux. Elle avait raison. Je le savais. Je n'ai pas cherché à lui mentir.

— Non. Je ne reviendrai pas.

Elle a hoché la tête, comme si elle mesurait en silence ce à quoi j'étais en train de renoncer, puis elle a attrapé ses clés de voiture et a fait brusquement demi-tour. Sa portière a claqué, et soudain elle n'a plus été là. Je me suis retrouvé seul devant le portail, les yeux secs d'avoir trop pleuré.

J'ai pensé, à ce moment-là, que je ne la reverrais jamais.

Mais, cette fois encore, je me trompais.

23

10 juillet 1979, 10 h 17

Albert ne parle pas. Pas un mot. Apparemment, la nuit a été longue pour lui aussi. Je n'ai pas attendu très longtemps à l'accueil de la gendarmerie qu'on le libère, il était prêt depuis deux heures quand je suis arrivé. Les enquêteurs, épuisés par leur nuit blanche, avaient renoncé au lever du jour à continuer de l'interroger. Albert ne savait rien de ce qui s'était passé entre Victor et Hélène. Il leur a fallu presque vingt heures pour qu'ils le croient.

Je lui jette un œil en coin. Il se tient raide sur son siège, mais il tombe de sommeil. Je n'ai pas le cœur à le harceler de questions, autant le laisser tranquille pour le moment, plongé dans ses sombres pensées.

Nous traversons la ville, longeons les champs et les bois sans qu'il sorte de sa prostration. On dirait que l'interrogatoire lui a coupé des fils intérieurs, comme si toute son énergie avait disparu. Ou qu'il la comprimait dans des recoins connus de lui seul.

Je garde mon attention rivée sur la route, en évitant de l'observer avec trop d'ostentation. *Pourquoi les gendarmes l'ont-ils gardé si longtemps ? Pensaient-ils vraiment qu'il a quelque chose à se reprocher dans le drame entre mon oncle et ma tante ? Ont-ils voulu le presser comme un citron pour découvrir s'il ne leur cachait vraiment rien ?*

Je sais bien, moi, qu'Albert ne met jamais les pieds à l'étage et que ce n'est pas lui qui a échangé les médicaments de Victor contre des comprimés mortels. Albert n'avait aucun intérêt à voir mourir mon oncle. Il va perdre son travail, son logement. Que va-t-il pouvoir faire, maintenant, à soixante-cinq ans passés ? Il ne lui reste plus rien. Rien que de l'amertume et le sentiment d'avoir été trompé.

Comme moi.

— Merci, Franck.

Surpris, je tourne la tête vers lui.

— Quoi ?

— Merci d'être venu me chercher. Sans toi, j'y serais encore.

Je hoche la tête. Reporte mon regard sur la route. Albert a des larmes dans les yeux. Je n'ai pas envie de voir ça.

— Mais qu'est-ce qui lui a pris, bon sang ?

Je ne réponds rien. Je n'ai pas d'explications au geste d'Hélène.

— Pourquoi est-ce qu'il l'a poussée à bout ? gémit Albert, me faisant comprendre que je me suis mépris sur sa question. Ils n'avaient pas eu assez de malheur comme ça ?

Le village n'est plus qu'à quelques kilomètres. Bientôt, nos chemins se sépareront. Nous vivons nos dernières heures ensemble. Je lui jette un nouveau regard en biais.

— Comment ça, *poussée à bout* ?

Albert émet un gros soupir et tourne vers moi un visage torturé.

— Ton oncle devenait vraiment impossible, ces derniers temps. Depuis deux ou trois semaines, il ne manquait pas une seule occasion de provoquer ta tante et de la frapper.

Je sens un grand froid m'envahir le cerveau.

— Il la frappait souvent ?

Albert se détourne et reste silencieux un long moment, au point que je finis par me dire qu'il ne me répondra pas.

— Il a commencé par la bousculer, une fois ou deux, dit-il en s'adressant à la vitre. Puis les gifles ont fait leur apparition. De plus en plus fortes. Ensuite, il s'est mis à lui lancer des objets à la figure. Le fait que je sois à table avec eux n'y changeait rien. Il n'en avait strictement rien à faire. Je le sentais plein d'une haine froide, implacable.

À mon tour, je serre les dents sur mon silence. Je sais, moi, pourquoi Victor en voulait autant à Hélène. Il la tenait pour responsable de la mort de Paul, même si ce n'était pas elle qui lui avait fracassé le crâne. Il voulait qu'elle paye. Il avait décidé de lui faire perdre les pédales.

— Comment… comment ça se passait, avant ? Je veux dire… avant l'accident de Paul ?

Albert a un pauvre sourire empreint de nostalgie.

— Ah… avant…

Il se frotte les yeux. J'entends la paume rêche de ses mains qui racle sa barbe de deux jours.

— Quand ton oncle m'a embauché pour lui filer un coup de main sur l'exploitation, il y a bientôt dix ans, il commençait déjà à souffrir du dos. Mais il ne voulait pas que sa femme l'apprenne. Tu comprends, il était fier. Il était hors de question, pour lui, que les dix-sept ans qu'il avait d'écart avec elle se fassent sentir comme ça sans qu'il réagisse.

— Je ne savais pas qu'il avait un problème de santé… dis-je, étonné.

Albert fait la moue.

— Ce n'était pas vraiment un problème de santé. Je dirais plutôt que c'était l'âge qui montrait le bout de son nez, comme une sorte de calamité inéluctable, tu vois ?

Je dois avoir l'air de ne rien voir du tout, car Albert se racle la gorge et poursuit.

— J'avais le même âge que lui, pour tout dire, mais j'ai toujours été costaud de nature, même si je ne suis pas gros.

Effectivement, Albert m'a toujours paru taillé dans le roc. Imputrescible, inaltérable, éternel.

— Il m'a demandé de faire le travail le plus physique et j'ai accepté. Ton oncle savait obtenir ce qu'il voulait. Il me payait bien. J'étais nourri et logé. J'ai...

Albert pose sa patte sèche sur mon bras.

— ...j'aimais beaucoup ton cousin, mon garçon. C'était un brave petit gars. Ça a été un vrai drame pour tout le monde de le perdre.

J'acquiesce en silence, gardant mes réflexions pour moi.

— C'est à ce moment-là que tout a basculé. Ta tante a perdu toute sa joie de vivre qui la rendait si belle, et ton oncle s'est renfermé comme une huître dans sa coquille.

Ça, je m'en doutais.

— Mais pourquoi cela a-t-il éclaté trois ans et demi plus tard, Albert ? Pourquoi après tout ce temps ? Pourquoi s'en est-il pris à elle, au point de lui cogner dessus ces trois dernières semaines seulement ?

Victor était au courant depuis longtemps, pour Hélène et Hermier. Grâce au carnet de Paul. A-t-il découvert, il y a moins d'un mois, la liaison de ma tante et du boulanger Alain Soulange ?

Albert soupire.

— J'en sais rien, mon garçon. J'en sais rien...

Nous traversons Valloise sans nous arrêter. Assis en terrasse, des consommateurs reconnaissent Albert dans la voiture. L'un d'eux esquisse un mouvement pour le saluer. Il ne répond pas. Il a baissé la tête vers ses genoux. Il garde la même position jusqu'à la Renardière.

— Qu'est-ce que tu vas faire, maintenant ?

Nous sommes attablés l'un en face de l'autre dans la cuisine. Albert a préparé un poulet. Je l'ai aidé en épluchant quelques patates. L'odeur de la volaille cuite au four s'est répandue dans la maison, donnant l'illusion d'une atmosphère presque normale.

J'ai rangé ce qui traînait. Et ne servira plus, à présent. La bouteille de pastis, en revanche, a réintégré le dessous de l'évier. J'ignore pourquoi je ne l'ai pas jetée à la poubelle. Peut-être aurais-je eu l'impression de me débarrasser de l'empreinte tangible de mon oncle dans la cuisine, de le trahir. Dans quoi vont se nicher les superstitions, parfois…

J'avale une bouchée de poulet en réfléchissant à la question d'Albert.

— Rentrer, sûrement. La gendarmerie m'a demandé de rester quelques jours. Je partirai à la fin de la semaine, je pense. Quand j'aurai réussi à parler avec ma mère pour savoir où elle est…

Devant l'air étonné d'Albert, je lui expose ma situation familiale, pas beaucoup plus brillante que celle dont nous avons été les témoins involontaires.

Sauf que mes parents ne se sont pas entretués, *eux*.

— Tu peux rester aussi longtemps que tu veux, me dit-il. Je vais attendre aussi, le temps qu'Hélène passe en jugement. Je pense que la justice va avoir besoin de quelqu'un sur place pour s'occuper de tout ce qui est paperasse, en attendant que ta mère et toi preniez une décision pour la ferme. Et il faut s'occuper des animaux.

Je le regarde fixement, la fourchette suspendue devant la bouche.

— Ma mère et moi ? Mais…

Albert m'observe et se sert un grand verre d'eau.

— Sauf erreur de ma part, Franck, ta mère et toi êtes les seuls héritiers de ton oncle et de ta tante. Si la justice décide de garder Hélène en prison, ce sera à vous de vous en occuper, en attendant qu'elle revienne. Et si elle est reconnue coupable, elle va y rester longtemps. *Très* longtemps.

Les seuls héritiers…

Je tourne la tête et observe les murs de la cuisine comme si je ne les avais jamais vus auparavant. Moi qui avais l'intention de ne jamais revenir à la Renardière…

— Et toi, qu'est-ce que tu vas faire ?

Albert a une moue évasive.

— Aucune idée pour l'instant.

— Tu ne veux pas rester ici ?

— Je ne suis pas chez moi, Franck. J'étais juste un salarié de ton oncle. Mais aujourd'hui…

Une idée me traverse alors l'esprit.

— Et si… je veux dire… si tu restais à la ferme, en l'exploitant toi-même.

Il me jette un regard aigu.

— Qu'est-ce que tu as en tête, exactement ?

— C'est simple. Ma mère et moi n'avons aucune expérience dans la gestion d'un domaine. Toi, en revanche, tu connais le matériel, tu connais les terres, les bêtes… Si tu voulais bien garder la maison le temps qu'Hélène revienne, tu pourrais y loger comme avant, et profiter des bénéfices de la vente du grain et du lait à ton propre compte.

La comtoise se fait entendre quelques secondes avant qu'il me réponde.

— Tu es sérieux ?

— Tu vois une autre possibilité ? Ça nous arrange tous, non ?

Je lui tends la main. Il me la serre avec de l'émotion dans la voix.

— Merci, mon garçon. Merci. Mais, ta mère…

— Non, c'est nous qui te sommes redevables, Albert. Ma mère sera d'accord avec ça, fais-moi confiance. Qu'est-ce que sa sœur aurait fait, sans toi ? Même aujourd'hui, tu es prêt à la soutenir jusqu'à ce qu'elle sorte de prison.

Albert hoche la tête en baissant les yeux sur son verre vide.

— Elle n'en sortira peut-être pas…

Je crains un instant de ne pas avoir compris.

— Qu'est-ce que tu veux dire ?

Il remue le verre sur la table. Le son me met instantanément les nerfs à vif.

— Je pense qu'elle est innocente du crime dont on l'accuse, Franck.

— *Innocente ?* Mais…

Albert lève des yeux abattus sur moi.

— Elle a d'abord vécu la douleur de la mort de ton cousin, puis celle de Victor, et ensuite *ça*… Elle est trop fragile, Franckie. Elle ne s'en remettra pas. La prison va la tuer, j'en ai bien peur…

24

13 juillet 2011, 21 h 32

Je vais crever ici, cette nuit. Je m'y prépare. C'est dur, mais je m'y prépare.

La crise m'a pris pendant que j'étais en train d'écrire. J'ai eu juste le temps de tourner la tête pour ne pas vomir sur la table de la cuisine. L'odeur m'a porté au cœur instantanément. Les sueurs froides sont arrivées quand je me suis essuyé la bouche et que j'ai vu le sang sur mes doigts. Ça avance vite. Très vite. J'ai déjà un peu de mal à respirer. Bientôt, je ne pourrai plus écrire. Il sera trop tard pour raconter la fin de cette histoire et elle restera inachevée.

Comme si je pouvais me payer le luxe de la laisser inachevée…

J'en étais où ? Ah oui, la prison…

Quand j'ai finalement réussi à joindre ma mère, ce jour-là, elle a immédiatement quitté Paris pour venir me rejoindre. J'ai eu beau lui expliquer que j'allais bien, qu'elle n'avait rien à craindre de ce côté-là, elle a poussé les hauts cris et m'a fait promettre de ne pas bouger avant son arrivée. J'ai ri jaune et lui ai promis de l'attendre.

Albert est allé s'occuper des vaches. J'en ai profité pour faire un peu de ménage en bas, dans la cuisine et le salon. J'ai jeté les denrées qui commençaient à sentir, sur la table. J'ai ensuite passé un coup de balai pour retirer la poussière et la terre que les chaussures des gendarmes et des urgentistes du Samu avaient répandues sur le sol. Hélène n'aurait pas aimé que sa maison soit dans cet état-là pour accueillir ma mère.

Ça m'a occupé une bonne heure. Ensuite, vu le temps que ma mère allait mettre avec sa petite Renault 5 pour rejoindre la Renardière, j'ai emmené Tom faire une balade dans les bois, histoire de réfléchir encore à toute cette affaire. J'avais surtout besoin de ne plus être enfermé entre ces murs qui m'oppressaient tant que j'en ressentais un poids presque physique sur les épaules.

Le chien m'a suivi sans entrain, la truffe presque collée à mes baskets. Il avait perdu tout intérêt à la promenade. S'il venait avec moi, c'était surtout pour ne pas rester seul. J'ai fini par rentrer plus tôt que je l'avais prévu. Je suis monté dans ma chambre avec l'intention de travailler un peu mes maths. Je n'avais rien d'autre à faire pour attendre.

Mais, une fois encore, les formules m'échappaient dès que j'essayais de les apprivoiser. Elles restaient hermétiquement closes, refusant de livrer le moindre sens à mon esprit en ébullition.

De guerre lasse, je me suis levé et j'ai refermé tous mes livres de cours, un par un. Je les ai rangés en pile sur le bord du bureau. C'est à cet instant précis que j'ai pensé, pour la première fois, que je n'aurais jamais mon baccalauréat.

Un mot me trottait dans la tête depuis qu'Albert me l'avait planté dans le crâne comme une graine.

Innocente…

J'ai essayé de dormir, pour récupérer un peu du sommeil haché de la nuit. J'ai fini par somnoler une heure ou deux après m'être allongé sous les draps, les volets fermés. J'ai entendu Albert aller et venir en bas, le bruit des griffes de Tom suivant ses pas de près.

En me réveillant, je me suis souvenu du regard plein d'effroi que Victor avait posé sur Hélène, le soir de sa deuxième crise. Avait-il déjà compris, à ce moment-là, qu'elle était en train d'attenter à sa vie ? Pourquoi n'avait-il rien dit, alors ? Tout cela ne tenait toujours pas debout. Albert croyait Hélène innocente, mais pouvait-elle vraiment l'être si elle générait une telle frayeur dans le regard de son mari ?

Et si… et si Victor avait cru voir quelqu'un d'autre entrer dans la chambre ? Les yeux fiévreux de mon oncle avaient pu l'abuser. Il était tétanisé par les spasmes qui lui tordaient le ventre, la sueur lui coulait du front sur les pupilles. Il avait parfaitement pu imaginer qu'une autre personne pénétrait dans la chambre…

Et de qui aurait-il pu avoir peur comme cela ?

De moi ?

D'Albert ?

D'un fantôme ?

Avait-il reconnu Paul, confondant le regard de mon cousin avec celui de sa mère ? Avait-il identifié Hermier, le vétérinaire qu'il avait tué sur la route de Valloise, qui revenait d'entre les morts pour l'emmener traverser avec lui les flammes de l'enfer ?

Innocente…

Je ne savais pas si nous pourrions lui rendre visite à la prison, mais j'avais la certitude que ma mère ferait tout son possible, essaierait de jouer de toute son influence pour pouvoir parler à sa sœur. Elle aussi la croirait innocente. C'était naturel de refuser d'instinct la culpabilité d'un membre de sa famille. De crier à l'erreur judiciaire, quitte à réfuter l'évidence. On n'accepte jamais facilement la chute de l'un des siens.

Une accusation d'assassinat. De meurtre, avec préméditation. C'était de cela qu'il était question. Si elle était reconnue coupable, Hélène écoperait de toutes les circonstances aggravantes liées au crime.

Je comprenais ce qu'Albert avait voulu me dire. Elle allait prendre perpétuité, voire pire…

Je me souviens que je me suis alors brusquement dressé sur mon lit, le cœur affolé cognant contre mes côtes.

La guillotine…

25

10 juillet 1979, 17 h 53

O*h, merde… La guillotine…*
Quelle heure est-il ?

Il n'y a pas un bruit, en bas. Albert doit être en train de traire les vaches. Je ne les entends plus taper contre les montants de la grange. Heureusement qu'il n'est pas resté plus longtemps à la gendarmerie, sinon je ne sais pas ce que j'aurais fait. Je ne me suis jamais occupé de ça, moi…

18 heures… Ça fait environ trois heures que j'ai eu ma mère au téléphone. Il lui reste encore au moins une heure et demie de route, sinon deux. J'ai le temps de tourner en rond à me ronger les ongles. J'ai soudain hâte qu'elle soit là, que la vie reprenne un cours un peu plus normal. Besoin de l'entendre parler, râler, tempêter…

Je repense à la chambre de Paul. Celle de Victor et Hélène restera-t-elle figée comme ça, elle aussi, jusqu'à ce que la maison soit vendue, un jour ou l'autre ? Ma tante va-t-elle conserver son droit à la propriété si elle passe sa vie en prison, ou va-t-elle le perdre par décision de justice, de la même façon que si elle… si elle est… *exécutée* ?

Une sourde migraine a progressivement envahi mon cerveau. Je me prends la tête dans les mains et me frotte les yeux avec les doigts, mais la douleur vient de derrière les globes oculaires. Tel que c'est parti, j'en ai pour la soirée. À moins que je ne dégote un cachet d'aspirine quelque part.

Je jette un œil dans la cuisine, mais ne trouve rien dans les placards. À l'étage, peut-être… Tandis que je remonte les marches, je me dis que j'ai été négligent. J'ai fréquemment de violents maux de tête. Je devrais toujours avoir de l'aspirine avec moi. Seulement, quand je suis parti, il y a quelques jours, je n'y ai pas pensé. Et il faut que ça m'arrive maintenant, alors que je suis bloqué ici à attendre ma mère.

Je passe devant la chambre de Paul et ouvre la porte de celle de Victor. À la lumière du jour, elle n'a plus rien d'inquiétant. Mes nerfs fatigués m'ont joué un sale tour, cette nuit. Si la situation n'était pas si tragique, je pourrais en rire. Si les copains du lycée avaient vu la frousse que je me suis faite tout seul, ils en auraient eu pour toute une année à se foutre de ma gueule. Quel crétin !

Je fouille dans le tiroir de la table de nuit et je tombe enfin sur un tube de cachets de paracétamol. Ce n'est pas de l'aspirine, mais ça devrait aller. En tout cas, ce sera certainement mieux que rien.

Mon regard tombe alors sur la date de péremption inscrite sur le dos du tube. 7 mai 1977. Il est périmé depuis plus de deux ans, déjà. Une sensation qui commence à me devenir familière, très désagréable, me traverse. Ma nuque se hérisse instantanément. La main du diable me caresse les cheveux de ses doigts rêches, secs comme des griffes de chauve-souris.

Je secoue le tube fermé et j'entends un petit bruit à l'intérieur. Et si ce n'était pas du paracétamol ? Et si c'était… *autre chose ?*

Je secoue la tête pour chasser cette idée. Le médecin du Samu a récupéré tous les médicaments de Victor. S'il a laissé ce tube ici, c'est qu'il en a identifié le contenu.

Je fais sauter le bouchon et laisse tomber un cachet dans ma main. Le nom du fabricant est gravé sur le comprimé.

C'est du paracétamol.

C'est du paracétamol.

Rien à faire. Je ne pourrai pas avaler ce truc. Je range le comprimé et remets le tube à sa place. Je préfère garder ma migraine. Le tiroir produit un bruit sec quand je le repousse, comme si le bois avait rencontré un objet dur avant de se refermer complètement. Je le tire hors de son logement, le dépose sur le sol, puis enfile la main entre les glissières. La peau de mon index touche alors une petite boîte métallique, posée contre le fond du meuble. Lorsque le compartiment mobile est poussé à fond, elle doit juste tenir dans l'espace restant. Mon geste un peu trop appuyé a dû la faire bouger, et elle a heurté l'intérieur du meuble.

Je la rapproche de la lumière. Il s'agit d'un emballage vieillot, qui doit dater au moins des années 1960. Le couvercle est un peu cabossé, mais on peut parfaitement lire ce qui est écrit dessus en lettres grasses.

Mirotenox. Produit à usage exclusivement vétérinaire.
Tenir éloigné des enfants. Danger de mort.

Qu'est-ce que c'est que ce truc-là, encore ?

Je cherche la composition du produit sur le dos de la boîte, mais l'usage et les années l'ont effacée.

Un produit vétérinaire… L'ombre de Guy Hermier, une fois de plus, se profile sur le chemin de mon oncle.

Et sur sa tombe.

Ma mère arrive finalement à près de 20 h 30. Elle freine assez sèchement devant le portail, provoquant un jet de gravier sur le métal, qui l'annonce aussi sûrement que si elle avait mis un coup de klaxon.

Je sors de la cuisine pour venir lui ouvrir, elle m'observe d'un œil aigu.

— Tu vas bien, Franck ?

— Oui, oui. Bonsoir, maman.

— Oh… mon petit… mon petit…

À peine le portail ouvert, elle se jette dans mes bras et éclate en sanglots. *Mon petit…* J'ai dix-neuf ans et j'ai encore droit à des « mon petit ». Je suppose que toutes les mères du monde ont du mal à couper le cordon…

Je lui tape doucement dans le dos pour qu'elle se calme, essayant de soutenir son poids sans flancher tandis qu'elle s'écroule sur moi. Je m'attendais plutôt à ce qu'elle prenne les choses en main, mais il semblerait que l'épisode de son nez écrasé par la casserole et la main de mon père ait modifié l'équilibre de nos rapports.

Albert est sorti sur le pas de la porte, les mains jointes devant lui, un peu gêné par l'attitude de ma mère. Il attend quelques instants pour s'approcher timidement :

— Bonjour, Élisabeth. Désolé de vous accueillir ici dans ces circonstances…

Ma mère se redresse, réalise que nous ne sommes pas seuls. Elle prend alors pour cible l'épaule d'Albert, à laquelle elle se cramponne en le remerciant d'une voix mouillée.

Nous la guidons dans la cuisine, puis jusqu'au salon, où elle s'assied lourdement sur le canapé.

— Tu veux boire quelque chose, maman ?

Ma mère renifle, sort un mouchoir en papier chiffonné de sa poche, puis elle hoche la tête en essayant de se reprendre.

— De l'eau, merci. Ça sera très bien.

Je m'active un moment pour lui laver un verre. Ils sont déjà tous propres et alignés sur la paillasse de l'évier, mais cela me permet de réfléchir à la nouvelle donne. En l'espace de quelques secondes, ma mère vient de me faire comprendre que c'est *moi*, le nouvel homme de la maison. Elle compte sur moi, maintenant, pour la soutenir, et pas l'inverse. Il va falloir que j'assure, que je regarde les choses sous un autre angle.

Que je prenne les rênes.

Je m'assieds près d'elle, lui donne son verre, puis je lui ôte ses chaussures et lui pose les talons sur le vieux pouf qu'utilisait Victor pour regarder la télévision. Elle m'observe en silence, le mouchoir accroché aux narines.

— Tu es au courant de tout, maman ?

Elle me fixe de ses yeux larmoyants, puis elle acquiesce sans parler. Je vois ses joues qui tremblent un peu sous le coup de l'émotion. Elle essaie de se dominer, de me montrer qu'elle a le contrôle.

— Il va falloir que tu prennes des dispositions pour l'enterrement de Victor, maman. C'est toi sa plus proche parente, en lien direct. Hélène n'aura pas son mot à dire, je le crains. Réfléchis, dis-moi ce que tu décides, et je m'en occuperai, d'accord ?

Elle incline le cou, et se remet à pleurer à chaudes larmes, les épaules secouées par les sanglots. J'attends quelques instants, puis je continue :

— Hélène va avoir besoin qu'on lui apporte de quoi faire sa toilette, s'habiller, lire, écrire... Il faudrait que tu choisisses pour elle dans sa garde-robe, et aussi dans sa salle de bains. Ensuite, demain matin, nous irons à la prison pour essayer de la voir. Tu veux bien gérer ça ?

Elle opine lentement, toujours sans un mot.

— Dernière chose, mais importante également. J'ai proposé à Albert de rester ici le temps qu'il faudra avant qu'Hélène revienne à la maison. Il fera tourner la ferme pendant son absence et il vivra des bénéfices de l'exploitation comme si c'était la sienne. Tu n'y vois pas d'objection ?

Ma mère tourne les yeux vers Albert, qui ne sait plus où se mettre. Le pauvre vieux ne s'attendait certainement pas à ce que je balance le sujet moins d'un quart d'heure après l'arrivée de la sœur de sa patronne. Elle lui adresse un pâle sourire et accepte d'une petite voix, mais sans équivoque.

— Merci pour elle, Albert. C'est un grand honneur que vous nous faites, surtout après... après...

Elle fond en larmes une nouvelle fois, se masquant le visage dans le creux du coussin du canapé. Albert me regarde avec un air un peu abasourdi. Il se lève alors et se dirige vers la cuisinière.

— Je vais nous faire cuire des pâtes et des œufs, ça vous va, Élisabeth ?

Une demi-heure heure plus tard, ma mère est un peu calmée. Ses yeux rougis témoignent qu'elle vient de traverser un moment particulièrement difficile, mais on dirait bien que le plus dur est derrière elle. Elle a d'abord un peu picoré dans son assiette, mais son naturel a vite repris le dessus et elle a tout dévoré jusqu'à la dernière coquillette. Albert lui a proposé un peu de vin, mais, devant son air écœuré, il a rangé la bouteille sous l'évier avec les apéritifs. Le souvenir du grand Michaël Servin a la vie dure...

J'appelle la gendarmerie, qui met longtemps à répondre. Il est près de 22 heures, l'appel doit être transféré un peu plus loin que Saint-Jérôme, peut-être même à Guéret. La réponse à ma question est claire et nette. Il nous sera impossible de voir Hélène. Elle est en détention provisoire. Personne ne pourra communiquer directement avec elle, hormis son avocat. En revanche, on me confirme que nous pouvons lui apporter quelques objets personnels, comme je l'ai suggéré un peu plus tôt à ma mère.

A-t-elle un avocat ? Je n'en ai pas la moindre idée. Il va falloir que nous nous occupions de ça aussi, comme de l'enterrement de Victor.

Les yeux me piquent un peu. Je tombe de sommeil. Il est grand temps d'aller me coucher, mais je pense alors à ma mère. Où va-t-elle dormir ? Pas dans le lit de Victor et Hélène, là où il est mort hier. Impossible.

— Tu vas prendre ma chambre, maman, décidé-je soudain. Moi, je vais dormir dans celle de Paul.

Elle va pour protester, mais réalise que c'est la meilleure solution. Il n'y a pas d'autre endroit pour passer la nuit, à part le canapé.

Je l'embrasse sur le front et je la laisse avec Albert, qui est resté avec nous, malgré son embarras. Ils vont sûrement avoir des détails à mettre au point pour l'avenir. Ça les arrangera peut-être de pouvoir en parler plus librement entre eux.

Vaincu par la fatigue, je me glisse entre les draps de mon cousin en me disant que je n'avais pas le choix.

Et que j'espère qu'il ne m'en voudra pas.

Je m'endors avec une idée lancinante qui me tourne dans la tête, comme une guêpe prisonnière d'un bocal plein de liquide sucré : *À quoi sert le Mirotenox ? Et pourquoi cette boîte était-elle cachée dans la table de nuit de la chambre de ma tante ?*

26

11 juillet 1979, 8 h 06

L'entreprise des pompes funèbres jouxte l'hôpital. Sa large devanture ne peut être ignorée de ceux qui se rendent à la morgue. La vitrine regorge de couronnes, de vases mortuaires et de plaques diverses, en marbre ou en bronze, ornées de petits anges peints ou de fleurs aux teintes pâles, ainsi que de déclarations pathétiques gravées en doré sur fond sombre. Afin de ne pas troubler les familles dans leur choix, je suppose, aucun prix n'est affiché sur les étagères de verre.

— Tu sais combien ça va coûter, demandé-je à ma mère.

— Victor et Hélène avaient souscrit une convention obsèques, après la mort de Paul, me dit-elle d'un ton distrait. Ça nous sera remboursé. Ne t'en fais pas.

Lorsque je pousse la porte vitrée, une odeur sourde, mélange d'encens et de fleurs fanées, me prend au nez. Un homme mince, presque maigre, lève sur nous un visage émacié au front proéminent. Cheveux gris parfaitement coiffés d'une raie nette sur le côté, costume sombre, chemise blanche, cravate sobre, il est assis derrière un bureau et il semble s'ennuyer ferme. Il se lève avec beaucoup de dignité et s'approche lentement avec l'intention manifeste de vouloir déjà nous consoler, un sourire de compassion au coin des lèvres. La voix suave chargée d'empathie, il s'adresse directement à ma mère.

— Je peux vous renseigner, madame ?

— Nous souhaitons organiser l'enterrement de mon oncle, dis-je pour lui montrer qu'il s'est trompé d'interlocuteur.

L'homme lève le menton et me considère de haut, les narines un peu pincées.

— Certainement, monsieur.

Nos yeux se croisent un instant sans aménité. Il comprend que la discussion ne va pas être facile.

Quelques dizaines de minutes plus tard, nous ressortons de la boutique avec l'impression d'avoir été dépouillés par des charognards. J'ai négocié âprement le coût de l'enterrement, de l'embaumement jusqu'à la mise en terre dans le caveau de Valloise. Mais malgré cela, l'addition est salée. Ma mère n'a pas tiqué devant la facture. Elle a payé d'avance, sans discuter.

— Tu veux aller le voir ? lui demandé-je en désignant la morgue du menton.

Elle secoue la tête avec véhémence.

— Non. Je… je ne pourrai pas… supporter ça.

Elle fouille dans son sac et me tend les clés de la R 5.

— Tu veux conduire ? Cette discussion m'a épuisée.

Nous remontons le trottoir en silence, chacun perdu dans ses propres pensées. La prison est à quelques kilomètres, à la sortie de la ville, sur la route d'Aubusson. Cela me prend à peine une vingtaine de minutes pour nous y conduire. Ma mère ne desserre pas les dents de tout le trajet. Savoir que sa sœur risque la peine de mort est une épreuve qui rendrait n'importe qui particulièrement nerveux.

Je me gare sur l'aire presque vide réservée aux visiteurs. Le bâtiment ressemble parfaitement à ce que l'on peut imaginer d'une prison. Il s'agit d'un cube de béton entouré d'un mur de pierres de plusieurs mètres de haut, surmonté de fil de fer barbelé sur tout son périmètre. Dans les angles, des miradors permettent une vue plongeante sur l'édifice et ses environs. J'aperçois des silhouettes qui nous observent, derrière les vitres grillagées. Autour de l'enceinte, une lande pelée à l'herbe rase s'étend sur plusieurs centaines de mètres dans toutes les directions, rendant impossible toute approche ou fuite discrète. Cela doit suffire à briser toute velléité de tentative d'évasion, j'imagine.

La fonctionnaire à l'accueil nous reçoit correctement, sans plus. Nous pouvons laisser les objets destinés à Mme Delerme. Ils seront auparavant examinés par le service de sécurité. Ma mère a écrit à sa sœur une longue lettre qu'elle ne m'a pas proposé de lire. Elle la glisse dans le paquet, mais vu le regard réprobateur de la femme en uniforme, je doute que ma tante puisse poser les yeux dessus.

La visite n'a pas duré plus de cinq minutes.

— Et maintenant ?

Ma mère a l'air complètement perdue, comme si venir ici avait usé ses dernières forces.

— Maintenant, on doit lui trouver un bon avocat, dis-je en la prenant sous le bras pour la ramener à la voiture.

Elle hoche la tête, le regard dans le vague.

— Et on va faire comment pour le trouver ?

— Dans le bottin, maman. On va regarder les pubs qu'ils se sont payées dans l'annuaire. Celui qui a la plus grosse annonce, c'est celui qui gagne le plus de fric. C'est forcément le meilleur. On va prendre celui-là. D'accord ?

Elle s'assied sur le siège passager et me regarde d'un air las, comme si elle doutait de la validité de mon mode de sélection, puis elle opine lentement.

— Je conduis jusqu'au centre-ville. On s'arrêtera dans un café. On discutera de ça une fois qu'on aura les pages jaunes devant les yeux, ça te va ?

Elle cligne des yeux et me sourit faiblement.

— Oui, très bien.

Il est tout juste 9 heures du matin. Je quitte le parking de la prison avec le soleil dans le dos. Dans mon rétroviseur, le bâtiment se dresse comme une citadelle antique, ombre noire dans un contrejour aveuglant de lumière.

Les tours menaçantes mettent un long moment à disparaître de ma rétine.

— Jean-Pierre Arthaud, à votre service. Que puis-je pour vous ?

L'homme s'écarte pour nous laisser pénétrer dans son cabinet. Je l'ai joint une demi-heure plus tôt par téléphone et il a tout d'abord refusé de nous recevoir.

Trop de travail, débordé, voir avec ses confrères.

Mais quand je lui ai expliqué qu'il s'agissait de défendre la femme accusée d'avoir empoisonné son mari à l'aconit napel, il a brusquement changé de ton. Sa voix s'est adoucie d'un coup, et j'ai entendu les rouages de son cerveau qui se mettaient en branle. Il est alors devenu très réceptif. Le contraste saisissant entre les intonations péremptoires qu'il avait quelques instants auparavant et le ton très chaleureux qu'il a employé ensuite m'ont tout de suite indiqué que j'avais fait le bon choix.

Il nous fait asseoir face à son bureau dans des fauteuils confortables, puis il ouvre un bloc-notes neuf et nous regarde tous les deux alternativement. Il sait que c'est moi qu'il a eu au téléphone, mais l'âge de ma mère l'incite à prendre des précautions.

Ce type me plaît. Je sens qu'il est prêt à tout pour parvenir à ses fins.

Il sera parfait.

Lors du retour à la Renardière, ma mère a pour la première fois l'air un peu plus détendu. Le premier effet de l'avocat Jean-Pierre Arthaud, sans doute. Il faut dire que le bonhomme a mis la dose pour nous mettre en confiance. Il a accepté de défendre Hélène, mais il a fallu lui raconter tout ce que nous savions sur elle. Tous les deux. Ma mère a parlé de son enfance, de son mariage, de leurs problèmes conjugaux respectifs. Elle savait que Victor était très dur avec elle, ces derniers temps. Hélène lui avait téléphoné pour lui en parler. Pas tout de suite, car elle savait par quoi ma mère était passée, et elle ne voulait pas lui rappeler de mauvais et récents souvenirs. Puis ma mère a évoqué la mort de Paul, la déchirure que cela avait été entre les époux, le poids de devoir rester à la ferme après ça, de passer fréquemment devant l'endroit où son fils s'était tué.

L'avocat a pris de nombreuses notes, écoutant en silence, posant de rares questions, jusqu'à ce que ma mère en ait terminé. Puis il a tourné la tête vers moi et il m'a encouragé d'un sourire. Pour un peu, je l'aurais trouvé presque sympathique.

J'ai alors raconté ma version des événements, mais je n'ai pas parlé du boulanger. Je n'ai pas raconté la dernière aventure de ma tante, qui ne regardait qu'elle. Je n'ai pas non plus parlé du carnet de Paul, ni de la pipe retrouvée dans les bois et de ce que j'en avais conclu à propos du meurtre du vétérinaire par Victor. Ces faits appartenaient au passé, et je n'avais pas à les exhumer.

— Tu t'arrêteras avant Valloise, dit soudain ma mère. Il faut que je fasse quelques courses. Je ne veux parler à aucune personne du village.

Je la conduis devant un petit supermarché, à Saint-Jérôme. Il est 11 heures passées. Je l'attends en écoutant les infos à la radio. Hélène fait encore les gros titres. Les journalistes spéculent, émettent des hypothèses plus farfelues les unes que les autres. Il leur faut remplir du papier à scandale. Ils traînent ma tante dans la boue, la qualifiant de meurtrière froide et implacable sans même attendre le résultat de l'enquête de police, ni le jugement. Les faits l'accablent, c'est certain. Mais je ne parviens toujours pas à y croire. Elle a le regard si doux, elle est si… délicate.

Ma mère sort du magasin et je ferme la radio. Inutile de rajouter de l'huile sur le feu. Elle a eu son compte d'émotions pour le moment.

Elle se tourne vers moi, pose son sac d'emplettes sur le siège arrière et me regarde d'un air grave.

— Il va falloir qu'on rentre à Paris, maintenant. L'enterrement de Victor aura lieu vendredi, dans trois jours. On partira samedi matin, si tu veux bien…

J'acquiesce en plissant les lèvres.

On n'a plus rien à faire ici.

— On va habiter où, si tu n'as plus l'appartement ?

Ma mère sourit, et ça me fait brusquement du bien.

— Les papiers prennent du temps. Nous y sommes encore jusqu'en octobre. On a le temps de trouver autre chose. Tous les deux.

Nous n'avions pas encore évoqué l'absence de mon père, depuis son arrivée. C'est chose faite à présent. Et d'une façon qui me convient parfaitement.

27

13 juillet 2011, 21 h 48

Ce furent les trois jours les plus mornes de ma vie. J'ai passé mon temps à errer sans but dans les bois alentour, le plus souvent avec Tom, à ruminer pour la énième fois la déliquescence de ma famille.

Le vendredi, enfin, les obsèques de Victor ont sonné comme une délivrance, tant j'attendais de pouvoir quitter la ferme. Mais l'attitude réprobatrice des habitants du village m'a fait déchanter dès le début de la cérémonie, lorsque le cercueil a été transporté à l'église, entre deux rangées d'inconnus aux visages fermés. J'ai essayé d'ignorer les commentaires des vieux qui parlaient à voix basse en se poussant du coude, les yeux braqués en biais sur ma mère et moi. Ils se cachaient à peine, encourageant leurs voisins à condamner cette généalogie suspecte, cette parenté sur qui pesaient la mort et la désolation. La marque du crime était dans notre sang. Et s'il était de leur devoir de rendre un dernier hommage à Victor, qui était l'un des leurs, ils n'avaient nul besoin de nous témoigner à nous, ma mère et moi, la moindre marque de sympathie.

Lors de l'inhumation de mon oncle, ils se tenaient à distance derrière nous, refusant visiblement d'intégrer le cercle rassemblant la famille et les amis proches. Quand le tombeau a été refermé, ils ont déposé leurs fleurs en silence autour de la plaque de marbre et se sont éloignés par grappes, le front ou le nez plissé, comme agressés par une mauvaise odeur. Ils avaient rempli leur devoir envers Victor et ils s'en allaient, la conscience tranquille, avec le sentiment d'avoir frôlé le Malin en croisant notre regard. Ils avaient senti le baiser froid de la mort glisser sur leurs carcasses dans les allées nues du cimetière. Mieux valait oublier tout cela devant un verre de vin Chez René, ou dans le secret des maisons du bourg, à l'abri des oreilles indiscrètes.

À ce moment-là, je me suis rendu compte que Gwen n'était pas venue et j'ai ressenti un grand vide au fond de moi. Il pouvait y avoir plusieurs raisons à son absence, et il me semblait probable que sa mère le lui ait interdit. J'avais tort, bien sûr, mais je ne l'ai su que plusieurs mois plus tard, lorsque je l'ai retrouvée au même endroit, devant la sépulture d'Hélène. Elle était tout simplement malade ce jour-là, et, pris dans la tourmente et l'ambiance délétère de cette journée pénible, cette éventualité ne m'avait même pas effleuré.

Isabelle est venue, mais elle est restée en retrait, évitant mon regard. Elle avait bien connu Victor, au temps où elle sortait avec Paul. Elle avait apparemment tenu à lui dire au revoir. Ce geste ne m'était pas destiné, mais il m'a touché. Paul aurait été heureux de voir cela.

Ma mère et moi avons quitté le cimetière les derniers, suivi par Albert en costume sombre, le regard verrouillé sur le chemin gravillonné menant au parking devant l'église. Les rues s'étaient vidées, et nous avons alors réellement senti le poids de l'hostilité du village. Pas une seule personne n'était venue nous offrir ses condoléances. Derrière les vitres du café, des yeux noirs guettaient notre départ, le verre à mi-chemin entre les lèvres et le comptoir.

Nous sommes rentrés à la Renardière le cœur las, comprimés par un sentiment d'injustice et de fatalité trop lourd pour nous. Hélène avait déjà été condamnée, et nous avec. J'avais du mal à imaginer comment Albert pourrait continuer à vivre ici, dans cette atmosphère asphyxiante. Il ne serait pas facile d'entendre les gens déblatérer sur Hélène pendant des mois, voire des années, tandis qu'il continuerait à habiter et travailler chez elle, chez la « meurtrière »...

Mais Albert n'était pas de notre famille. Ils n'en auraient pas véritablement contre lui. Il subirait des commentaires dirigés vers nous, contre nous, c'était tout. Du moins l'espérais-je.

La dernière soirée a été sombre, même si je me sentais plus léger à l'idée de partir le lendemain. J'ai rapidement quitté ma mère et Albert dès la fin du repas. J'ai pris la voiture pour rendre une dernière visite à l'étang où Paul avait perdu la vie.

Je suis resté longtemps assis sur les rochers, la pipe de Victor serrée entre mes doigts. J'ai fumé une cigarette, puis deux, en observant la fumée s'envoler lentement dans l'air du soir. La nuit était claire. Je distinguais les formes rondes des canards endormis sur la berge, à côté de l'onde scintillante.

J'ai alors sorti le petit sachet de Paul de ma poche. Je l'ai ouvert au-dessus de l'éboulis et j'ai jeté les feuilles de cannabis dans le vide, où elles ont disparu en tournoyant. Cela m'a un peu donné l'impression de répandre les cendres de mon cousin. J'aurais peut-être dû les fumer avant...

Ainsi, tout avait basculé ici, en quelques instants. Paul, puis Hermier, et Victor ensuite. La mort de Paul avait tout déclenché, tout orchestré, bien malgré elle. L'enchaînement des événements avait suivi un cours inéluctable, comme gravé dans le marbre d'une volonté maléfique.

La bouche sèche, emplie d'un goût rendu âcre par l'amertume, j'ai fini par me relever, conscient que c'était la dernière fois que j'étais seul avec Paul. Je lui ai envoyé une dernière prière pour la paix de son âme, puis je suis rentré lentement, au ralenti, comme si je risquais de déranger les créatures de l'obscurité en roulant trop vite...

Je viens d'avoir des sueurs froides. Pendant quelques minutes, je n'ai pas pu écrire le moindre mot. Ma main refusait de bouger. Mes poumons se sont pratiquement bloqués, m'empêchant de respirer. Je me suis dit que c'était la fin, mais ça s'est arrêté aussi brusquement que c'était arrivé.

Il va falloir que j'accélère, si je veux avoir le temps de terminer.

28

14 juillet 1979, 10 h 16

Albert est sur le pas de la porte, les mains croisées devant lui. Il nous regarde terminer nos préparatifs pour le retour. J'ai mis tous mes bagages dans la voiture de ma mère, ce qui va me permettre de rouler plus léger.

Tom a compris qu'il se passait quelque chose d'anormal. Il s'est rapproché de moi et a posé ses deux pattes antérieures sur mon jean, semblant me demander des explications. Je ressens brusquement une vague de tendresse pour ce chien. Je me penche pour le prendre dans mes bras. Il me gratifie d'un coup de langue sur le nez, puis il attrape ma main pour jouer.

Albert et ma mère me regardent, indécis.

— Tu veux l'emmener à Paris ? me suggère Albert. Il a l'air de bien t'apprécier.

Je contemple la cour, les bois, les champs et je pense à la taille exiguë de notre appartement de banlieue.

Je secoue la tête avec une tonne de regrets sur les épaules.

— Non, Albert. Il sera malheureux, là-bas. Et il t'a, toi, ici.

Le vieil homme hoche la tête, apparemment satisfait de mon choix. Ma mère n'a rien dit, mais je sais qu'elle pense la même chose que nous.

— On y va, Franck ?

Curieusement, je n'arrive pas à me dire que cette fois, c'est bel et bien terminé. Je regarde la ferme, détaillant ses poutres ondulées, ses portes de grange de guingois, ses poules indolentes picorant près du tas de fumier, ses clapiers vides d'où des brins de paille pointent à travers le grillage.

— Pars devant, maman. Je te suis. Je te retrouverai sur la nationale.

Ma mère se retient d'objecter quelque chose et dit au revoir à Albert, qui l'accompagne jusqu'à sa portière. Elle démarre enfin et disparaît sur la route, tandis que j'écoute les battements de mon cœur en reposant Tom sur le sol.

— Albert. J'ai… j'ai une petite question à te poser…

Ses mains saisissent par habitude son paquet de gris. Il commence à se rouler l'une de ces cigarettes informes dont il a le secret et pose sur moi un regard interrogatif. Je ne le quitte pas des yeux tandis que j'essaie de maîtriser les mots qui se bousculent dans ma bouche.

— Ça sert à quoi, dans une ferme, le Mirotenox ?

Albert ne prend même pas le temps de réfléchir. La réponse vient immédiatement et il ne cille pas une seconde en m'en expliquant l'usage d'un air dégagé.

— C'est pour les vaches, Franck. Ça sert à les calmer, quand elles vont mettre bas et que ça se présente mal. Sinon, elles seraient foutues de cogner dans les murs de l'étable jusqu'à se fracturer les pattes.

— Vraiment ?

Albert hoche la tête et il pointe un doigt vers mon abdomen.

— Quand elles comprennent qu'elles vont mourir parce qu'elles ont ce truc qui pousse, dedans, et qu'il ne peut pas sortir, elles deviennent complètement folles. Il n'y a que ça à faire en attendant le vétérinaire. Enfin… ça, c'était dans le temps. Maintenant, c'est le véto qui leur fait une injection.

Ce produit a été retiré de la circulation il y a une bonne dizaine d'années. Trop d'accidents par surdosage.

— Ça leur ôtait la douleur, alors, et c'est tout ?

Je vois qu'Albert m'observe avec un regard plus soutenu.

— Eh bien… oui. Pourquoi ? Tu en as trouvé quelque part ?

Je mens avec tout l'aplomb dont je suis capable.

— Oui, au fond de la grange. Tom avait le nez sur la boîte. Je l'ai ramassée parce que j'avais peur qu'il avale un truc dangereux. Heureusement, elle était presque vide et je l'ai jetée.

Je lui ai sorti la première idée qui m'est passée par la tête. Je n'ai pas envie de lui raconter où la boîte était enfouie.

— Tu as bien fait, Franck. Ça aurait pu le tuer, s'il en avait croqué plusieurs comprimés. Je ne savais même pas qu'il en restait encore ici.

— La boîte a dû être oubliée…

— Mouais…, dit Albert, d'un ton peu convaincu. Ça ne ressemble pas à ton oncle, ça. Déjà, dans les années 1970, on ne pouvait plus en acheter nous-mêmes. On faisait très attention à ne pas laisser traîner ça n'importe où.

Je le regarde, l'air un peu idiot.

— Comment ça se fait que vous en aviez encore ?

Albert donne un coup de langue à sa feuille de papier et roule sa clope d'un seul coup, puis il arrache les quelques brins de tabac qui dépassent de chaque côté et les remet soigneusement dans le paquet avant de le refermer.

— Hermier ne nous aurait pas laissé crever une vache alors qu'il avait ce qu'il fallait pour la sauver. Il nous a toujours donné une boîte pour faire face à l'urgence. Dommage qu'il ait fini comme ça. C'était un chic type. Il ne le méritait pas.

Tu parles ! Je serais curieux que tu demandes l'avis de Paul, pour voir !

Albert crache un dernier brin de tabac récalcitrant.

— C'est pas le cas du nouveau ! Lui, il veut même pas en entendre parler ! Foutu Parisien !

Le vieil homme réalise soudain sa bourde.

— Oh, pardon, Franckie ! C'est pas ce que je voulais dire…

Je souris et lui tapote affectueusement le bras.

— Pas grave. Tu as raison, Albert. Il y a des réalités, dans une exploitation comme celle-ci, et il faut savoir s'adapter. D'autant plus que le village n'est pas à côté…

Albert acquiesce en allumant sa cigarette. Il me reste une dernière question, mais je ne sais pas comment la tourner pour qu'elle paraisse anodine. Surtout après celles que je viens de lui poser.

— La nuit où il s'est tué, ce vétérinaire… Hermier… il y avait une vache qui vêlait, c'est ça ?

Il opine avec gravité.

— Elle avait mal, la pauvre bête. On ne savait plus quoi faire. Ton oncle a couru au téléphone dès qu'il s'est rendu compte que quelque chose ne tournait pas rond.

— Ça a dû être difficile, de l'attendre tous les deux en ne sachant pas si elle allait s'en sortir…

Albert ne remarque pas que j'ai posé les mains sur mon guidon pour les faire tenir tranquilles. Si je me suis trompé, tout ce que j'ai échafaudé jusque-là s'écroule.

— Oui, dit le vieil homme d'un ton distrait. Je m'en souviens comme si… attends… non, c'est ta tante qui était avec moi. Victor était parti au village pour essayer de trouver un téléphone. C'est ça ! Il y avait eu un problème sur la ligne, il ne pouvait pas appeler d'ici. On ne sait pas ce qui s'est passé, car ça fonctionnait bien de nouveau le lendemain. Un mauvais contact, sans doute…

Oui, c'est ça... Un mauvais contact. Une coupure programmée, plutôt...

— Il est revenu environ une heure et demie plus tard, les mains couvertes de cambouis, poursuit Albert, les yeux dans le vague. Il avait crevé un pneu sur la route. Une sacrée nuit, ça oui, quand j'y repense ! Il nous a dit qu'il avait entendu une voiture se fracasser sur les rochers, pendant qu'il changeait sa roue, juste avant d'arriver ici. Il était allé voir, mais il n'avait vu qu'un geyser de flammes dans la nuit. Impossible de s'approcher de la carcasse de la voiture. Un type du village avait déjà prévenu les secours. Il avait fallu attendre l'arrivée des pompiers en regardant brûler l'épave au bord de l'étang. Hermier avait dû rouler trop vite, déraper et perdre le contrôle, comme ton pauvre cousin.

Albert rallume son mégot éteint.

— Une sale nuit, oui..., dit-il à travers ses lèvres tendues en avant pour éloigner la flamme du briquet. La vache et le veau sont morts au lever du jour. Il n'y avait plus personne pour s'occuper d'eux.

Je hoche la tête en silence.

Victor avait eu ce soir-là ce qu'il voulait.

Je sais à présent que j'avais vu juste. Je ne sais toujours pas comment il s'y est pris, mais rien ne pourra plus m'ôter de l'esprit que c'est bien lui qui a éliminé Hermier, amant de sa femme et meurtrier de son fils.

— Bien, merci pour ces précisions, dis-je à Albert en lui serrant la main. J'espère que tu vas pouvoir t'en sortir, avec tout ce qu'il y a à faire ici.

— Ce n'est pas l'ouvrage qui manque, c'est sûr, me dit-il en me serrant contre sa poitrine rude. Fais attention à toi, Franck. La route est longue.

J'enfile mon casque et mets le contact de la moto. Tom me regarde, les oreilles basses, déjà résigné.

— À bientôt !

Je n'ai aucune idée du temps qui s'écoulera avant que je revienne à la Renardière. Ni si j'y reviendrai un jour.

En tournant au coin du portail, j'éprouve un profond sentiment de malaise, comme si je laissais derrière moi un acte inachevé et lourd de conséquences. La ferme disparaît de mon rétroviseur tandis que je m'engage sur la route étroite qui serpente entre champs et bois.

Cette fois, je ne m'arrête pas en haut du lac funeste. L'écho de mon moteur ronronne, prêt à avaler du bitume. L'avenir m'appelle.

Je rentre chez moi.

29

13 juillet 2011, 22 h 12

J'ai été obligé d'attendre un peu que ça se calme pour continuer. La paralysie s'est emparée de mes avant-bras pendant presque une demi-heure et je ne voyais plus rien. Heureusement, mes poumons réagissaient toujours. Ça m'a aidé à ne pas trop paniquer.

Je connais l'issue. J'ai vu mon oncle mourir. Je sais comment cela va se terminer.

Je ne suis pas encore arrivé au terme de cette terrible histoire qui a brisé les miens. Il ne s'en faut plus de beaucoup, heureusement, car j'ignore jusqu'où je pourrai aller, désormais…

J'ai rejoint ma mère sur la nationale 20. Elle lambinait sur la route, espérant apercevoir la moto derrière elle sur chaque ligne droite. Nous nous sommes arrêtés pour déjeuner dans une petite ville dont j'ai oublié le nom. Il faisait une chaleur infernale. Nous avons choisi une table à l'écart, dans la fraîcheur relative que nous offraient les branches et l'ombre protectrices d'un grand châtaigner.

La table n'étant pas encore libre, nous avons pris un verre de vin blanc sous une tonnelle recouverte de vigne, dont j'ai goûté quelques grains acides en attendant le retour de la serveuse. Ma mère ne parlait pas. Elle avait chaussé ses larges lunettes de soleil opaques. Je ne voyais pas ce qu'elle regardait, mais je savais que c'était au-dessus de mes épaules, dans un ailleurs insondable. Elle devait penser à sa sœur, qu'elle avait le sentiment d'abandonner à son sort, j'en étais certain. Mais que pouvait-elle faire de plus pour elle ?

Les visites ne seraient autorisées que bien plus tard, lorsque la justice l'aurait décidé. Il ne servait à rien de nous reprocher quoi que ce soit, car nous n'avions eu absolument aucune alternative. Restaient l'attente, et l'espoir ténu qu'Hélène parviendrait à prouver son innocence.

Ce dont je doutais fortement.

Nous sommes rentrés chez nous vers 17 heures, après quatre heures de route à la vitesse de la R 5 pour m'éviter d'écoper d'un chapelet de représailles maternelles. Difficile de faire comprendre à ma mère que la moto avait besoin d'un peu plus d'oxygène pour s'éclater…

L'appartement m'a paru minuscule, avec ses pièces pas plus grandes que la moitié du salon de la Renardière.

J'ai retrouvé ma chambre sans joie, comme si j'enfilais une coquille trop petite qui me gênait aux entournures. Quelque chose en moi avait changé, pendant mon séjour dans la Creuse, mais je ne savais pas encore exactement quoi. Je crois que j'y avais acquis le goût de l'amertume, de l'impuissance. C'était un sentiment nouveau, pour moi, même si l'attitude de mon père m'y avait déjà préparé.

J'ai jeté mon sac de livres sur mon bureau et je me suis assis sur mon lit, les coudes sur les genoux.

Je ne comprenais toujours pas ce que faisait cette boîte de Mirotenox dans la table de nuit. Si c'était pour les vaches… pourquoi la cacher ?

L'analyse des comprimés de Victor avait montré qu'ils avaient été trafiqués. Le Mirotenox n'était donc pas destiné à le tuer. De plus, le produit était signé, puisque seul le vétérinaire pouvait le délivrer. Hélène n'aurait pas utilisé cela…

23 heures

Cette fois-ci, l'alerte a été plus sérieuse. J'ai bien fait de garder une bassine près de moi. J'ai à peine la force d'essuyer la salive qui me coule sur le menton, mais il faut que je termine avant la fin, avant que le stylo devienne trop lourd pour moi.

J'ai pris une décision, une lourde décision. Je dois m'y tenir, quoi qu'il arrive. Il est trop tard pour faire marche arrière, pour atermoyer, pour refuser de voir la mort en face, telle que je vais la rencontrer dans quelques heures.

Mon voyage se termine. J'arrive tout au bout de mon chemin de croix. Je n'ai plus le cœur à rien, sinon capituler.

J'ai baissé les bras, rendu les armes qui me maintenaient debout devant la menace, devant l'inéluctable issue. Il n'y a plus la moindre révolte en moi, la moindre protestation. Mon sort est scellé. Je n'ai plus qu'à m'en remettre à Dieu, ou à toute autre entité qui pourra repêcher mon âme s'il la refuse près de lui.

Mais peu m'importe, finalement. Bientôt, cela ne me concernera plus.

30

Nogent-sur-Marne, 12 février 1980, 8 h 13

— Oh mon Dieu…

Je passe la tête hors de ma chambre, alerté par la voix de ma mère. Les fenêtres du salon donnent sur le bois de Vincennes, et la lumière entre à flots à travers les branches dénudées des arbres, inondant le couloir qui dessert les deux chambres.

— Oh non…

J'approche en silence, impressionné par la pâleur du visage de ma mère. Elle lève sur moi des yeux qui s'emplissent de larmes. À ma question muette, qu'elle lit dans mon regard, elle a juste la force de prononcer un seul mot.

— Hélène…

Elle éclate soudain en sanglots. J'attrape le téléphone qu'elle a laissé choir sur le tapis.

— Allô ? Qui est-ce ?

— Ah… C'est toi, Franckie…

— Albert ? Qu'est-ce qui se passe ?

— Eh bien… C'est ta tante, mon garçon. Elle… elle est morte cette nuit.

J'ai l'impression de prendre une enclume sur le coin de la figure.

— *Morte ?*

— Oui, mon grand. Elle… elle s'est pendue. Dans sa cellule…

— Quoi ? Mais c'est impossible !

— Hélas, si, me confirme-t-il d'une voix atone. La gendarmerie vient de m'appeler. Ils n'arrivaient pas à vous joindre.

Le numéro ! Putain de merde ! Nous n'avons pas donné le nouveau numéro de téléphone de l'appartement à la prison.

— Mais… comment est-ce arrivé ? Je veux dire…

— Je n'en sais rien, Franck. Les gendarmes ne m'ont pas donné de détails. Il faut que vous les appeliez. Ils ne veulent parler qu'à la famille.

Je dois refaire surface. Ma mère se répand en pleurs sur le canapé. Je dois m'occuper d'elle d'abord.

— Merci, Albert. Je prends soin de maman. Je les appelle tout de suite après.

J'ai été obligé de la coucher dans son lit, de lui faire prendre un somnifère, puis d'attendre qu'elle plonge dans un sommeil artificiel avant d'appeler la gendarmerie de Guéret. Les officiers m'ont demandé de décliner mon identité et m'ont dirigé vers le directeur de la prison, qui m'a pris personnellement en ligne.

Il s'est d'abord montré froid, très distant, mais quand je lui ai indiqué que je venais de contacter l'avocat de ma tante, qu'il était en route pour qu'on lui explique comment la détenue Hélène Delerme avait pu mettre la main, dans sa cellule, sur ce qui lui avait servi à se pendre, il est devenu subitement plus coopératif.

— C'est une terrible épreuve, monsieur Servin. J'en suis bien conscient. Sachez que tout le personnel pénitentiaire se joint à moi pour vous…

— Comment a-t-elle fait, monsieur ? Qu'avez-vous laissé à sa portée ?

J'entends l'homme se racler la gorge. Ils ont fait une boulette, c'est certain. J'essaie d'imaginer toutes les solutions possibles, tous les cordons qu'elle a pu essayer de détourner de leur utilisation normale pour accomplir son sinistre dessein.

— Son soutien-gorge, monsieur Servin… je suis désolé, mais…

— *Son soutien-gorge ?* Je n'y crois pas ! Ce n'est pas possible de se pendre avec ça !

— C'est pourtant la vérité, monsieur. Si vous me permettez, je vous suggère de venir ici le plus rapidement possible. Nous allons faire transporter votre parente à la morgue, mais pour le reste, vous comprenez…

— Oui, j'ai parfaitement compris. Notre avocat nous indiquera la marche à suivre. Vous aurez bientôt de nos nouvelles, je vous le promets !

Je lui raccroche au nez en me disant qu'il a de la chance de ne pas se trouver en face de moi.

Son soutien-gorge…

Comment ont-ils pu ne pas penser à ça ? Ma tante était pourtant dépressive. Ma mère leur avait expliqué qu'il fallait lui accorder la plus grande attention, qu'elle était fragile, qu'elle ne tiendrait pas le choc. Je me souviens qu'elle s'était énervée, au téléphone, quand un fonctionnaire lui avait poliment expliqué que c'était la même chose pour tous les détenus, qu'il n'y avait pas de passe-droits, de favoritisme. Que sa sœur était incarcérée au titre de criminelle particulièrement retorse et qu'elle ne bénéficierait d'aucun régime de faveur que ce soit.

Je retourne dans la chambre de ma mère. Je m'assieds sur le lit en lui tenant la main. Elle est abandonnée, le poing contre la joue, dans une pathétique position de défense. L'année ne commence pas mieux que la précédente n'a fini, en somme.

Je me lève enfin et fais les cent pas dans le salon. Il faut que je prenne une décision. Il faut organiser l'enterrement. Et ça, ma mère ne le supportera pas. Pas cette fois. Je sais que la convention obsèques de mon oncle nous a remboursé celui de Victor. Ça n'a pas été long. Je cherche le dossier dans les papiers de ma mère et je mets la main sur la facture de l'entreprise de pompes funèbres. De toute façon, celle-ci ou une autre…

J'appelle la société funéraire. Je reconnais la voix mielleuse du type que nous avions rencontré en juillet dans la boutique. Il m'assure de ses bons et loyaux services. Il va se mettre en relation avec la morgue de la prison. Nous n'avons pas de souci à nous faire. Il s'occupe de tout.

Quelque part, son assurance distinguée me rassérène, même si l'homme ne me plaît pas. Quelle importance, après tout ? Maintenant, il faut que j'organise notre départ. Je vais devoir préparer nos valises, prévenir mon patron.

Depuis le mois d'octobre, je bosse comme manutentionnaire dans une société de travaux publics. Je fais le grouillot, quoi. J'ai lamentablement échoué à ma session de rattrapage, avec plus de cinquante points de retard pour passer la barre fatidique du bac. Tant pis. Pour le moment, je m'en moque complètement. Je cherche juste à m'abrutir en soulevant des charges trop lourdes pour moi, en me cassant le dos avec des cartons de matériaux qui me coincent les reins une fois sur cinq, quand ce n'est pas en cherchant la bagarre dans les cafés du coin, pour me sentir un peu moins creux.

Quelquefois, ça me fait peur. J'ai l'impression de devenir comme mon père. Un cogneur incapable de voir plus loin que le bout de ses poings. Un salaud qui abat tout ce qui se dresse devant lui, pour le plaisir d'être le seul à le pouvoir.

Seulement moi, je ne bois pas une goutte d'alcool.

Pas une seule.

Pas encore…

31

13 juillet 2011, 23 h 12

Le lendemain, nous sommes repartis dans la Creuse. Ma mère étant incapable de prendre le volant, j'ai conduit la voiture jusqu'à Guéret. Ce fut un voyage long et morne, durant lequel nous n'avons échangé pratiquement aucune parole. Ma mère était vêtue de noir et j'avais fait pareil pour ne pas la contrarier. Je me sentais un peu engoncé pour conduire, mais mes pensées étaient ailleurs.

Je m'imaginais ce qui avait pu pousser ma tante à se supprimer, s'ôtant par là même toute chance d'être innocentée lors du procès qui devait se tenir quelques mois plus tard. Sa mort ne prouvait-elle pas sa culpabilité de manière définitive ? Cet ultime geste criminel ne montrait-il pas qu'elle prenait la fuite plutôt que d'affronter la responsabilité de ses actes ?

Visiblement, ma mère n'était pas sur la même longueur d'onde. Elle venait de perdre sa sœur d'une horrible manière et ne parvenait pas à l'accepter. Ses yeux baignés de larmes ne lui permettaient pas de voir autre chose que le passé, tout ce qu'elles avaient partagé à une lointaine époque. Je savais qu'elle faisait défiler la vie d'Hélène dans sa mémoire. Je ne l'ai pas dérangée dans son recueillement. J'ai attendu qu'elle parle, ce qui ne s'est pas produit avant que nous arrivions en vue des premiers faubourgs de Guéret.

— On va directement à la prison, a-t-elle dit d'une voix sèche. L'avocat d'Hélène, Jean-Pierre Arthaud, nous y attend vers 11 heures. La société funéraire attendra.

J'ai acquiescé en silence. Le directeur de l'établissement allait décidément passer un mauvais quart d'heure.

Après avoir notifié à Me Arthaud que nous allions déposer une plainte contre la hiérarchie pénitentiaire, à la suite de l'entrevue houleuse avec le directeur, nous nous sommes rendus à la chapelle de la prison. Nous avions signé tous les documents nécessaires aux pompes funèbres pour le transfert de la dépouille d'Hélène hors de la prison. Nous sommes repartis la bouche sèche, comme si nous nous étions apprêtés à un combat rude qui n'avait pas eu lieu. Nous étions seuls sur le trottoir, les bras ballants, n'osant pas nous regarder l'un l'autre, vides de colère et remplis de frustration.

Nous n'avions plus qu'à nous rendre à la Renardière. J'avais appelé Albert la veille. Il nous avait promis de nous préparer les chambres. Le temps était trop court pour remonter sur Paris avant l'enterrement.

Je me souviens que j'ai repris place dans la voiture avec des idées noires plein la tête.

Qu'allais-je pouvoir faire pendant ces trois jours morbides, à huis clos avec Albert et ma mère, pour espérer penser à autre chose que ce pour quoi nous étions revenus ?

Je n'en avais pas la moindre idée, mais je savais que ce séjour serait pénible.

Si j'avais su alors ce qui m'attendait, j'en aurais profité comme du dernier crépuscule de mon innocence, qui allait définitivement m'être arraché, sans espoir de rédemption.

32

13 février 1980, 20 h 14

— Je ne vais pas pouvoir rester très longtemps, dit soudain Albert en rompant le silence.

Je lève le nez de l'assiette de soupe que j'essaie d'avaler sans me brûler.

— Pourquoi ça ?

Albert a un sourire d'excuses. Il lève ses mains calleuses et me montre ses articulations déformées.

— L'arthrite est en train de gagner la partie, mon garçon. Il y a trop de tâches pour moi. Je deviens trop vieux pour tout ça.

J'échange un regard avec ma mère, puis mes yeux se posent de nouveau sur le visage usé du vieil homme.

— On ne peut pas embaucher quelqu'un ? Un jeune, qui pourrait t'aider ?

Albert balaie ma suggestion d'un revers de main fatigué.

— Même si vous le pouviez, il ne s'en sortirait pas, Franckie. Il faut s'occuper des terres, des bêtes, de l'entretien des bâtiments, des clôtures… Il y a tant à faire…

— Mais alors… il va falloir vendre ? demande ma mère.

— Non !

Ils me regardent tous deux, éberlués par la violence de ma réaction, que je ne comprends pas moi-même. Comment puis-je espérer maintenir cette exploitation en vie tout seul, moi qui n'y connais strictement rien ? Je n'en ai pas la moindre idée, mais je refuse la simple idée de vendre cette maison.

Il y a mes souvenirs d'enfance, ici. Ceux que j'ai partagés avec Paul. Les odeurs, les éclats de lumière jaune dans la poussière, à travers les planches disjointes de la grange. Il y a le vieux marronnier, dont les racines baignent dans le purin depuis bien avant ma naissance, et que j'ai toujours connu. Il y a les clapiers, les poules et leurs œufs parfois ornés de plumes encore collées de fientes, les balles de foin où nous jouions à nous pourchasser, un pistolet de bois à la main. Il y a les murets de pierres, les chemins creux, les queues des vaches qui fouettent les mouches qui viennent les harceler, en été. Il y a les bois et les champignons, les fougères, la cabane de Paul, la chambre de Paul.

Il y a la mort de Paul.

Celle de Victor, aussi.

Je me lève brusquement en jetant ma serviette sur la table. Je sors en claquant la porte, conscient que je n'ai aucune solution à apporter. Cette fois, ma mère et moi allons bien hériter de la Renardière.

Je me dirige instinctivement vers la route. La nuit est noire comme de la suie. Seul le ruban de goudron luit faiblement sous le ciel vide d'étoiles. Je laisse le rythme de mon cœur se calmer en suivant celui de mes pas lents. Le froid intense s'insinue à travers les manches et le col de mon pull. Je n'ai pas pris le temps de passer ma veste et je me dis que c'est une belle connerie. Il ne manquerait plus que j'attrape la mort.

La mort…

Elle a déjà eu son compte de victimes, ici, pourtant.

Les mains serrées dans les poches de mon pantalon, je fais demi-tour et me dirige vers les lumières ténues provenant des fenêtres du salon. Il va falloir que j'explique mon coup de sang. Mais je ne sais pas comment formuler ce que je ressens. Je sais aussi que nous ne pourrons pas garder cet endroit inoccupé.

Je pénètre dans la cuisine avec un air renfrogné, mais ma mère et Albert se sont déjà retirés, me laissant seul avec mon dilemme. Je prends le chemin de la chambre de Paul, où j'ai demandé à dormir. Je me glisse entre les draps avec un goût de défaite sur la langue.

Alors, c'est comme ça… On ne pourra pas faire autrement que de vendre la ferme. Le destin ne me laisse pas le choix.

Je ferme les yeux, essayant de provoquer le sommeil qui, je le sais, ne viendra pas.

Je n'ai plus qu'à m'incliner.

Je me lève tôt, le lendemain, et je file à Valloise pour chercher des croissants et du pain. Alain Soulange est là. Il me sert sans me reconnaître. Je le dévisage avec insistance, cherchant à percer ses sentiments à jour. Il est morose et ne remarque pas mon manège.

N'y tenant plus, profitant de ce que nous sommes seuls dans sa boutique, je place ma main sur la sienne tandis qu'il me rend ma monnaie.

— Je suis le neveu d'Hélène, dis-je en le regardant droit dans les yeux.

Il cille brusquement et des larmes perlent instantanément à ses paupières. Elles ne devaient pas être bien loin. Il a l'air complètement dévasté, cet homme. Soudain, je ne sais plus ce que je voulais lui dire. Peu importe. Je dois enfoncer le clou.

— Je suis au courant, pour vous deux. L'enterrement est après-demain. Merci de ne pas venir.

Puis je le plante là, entre ses viennoiseries et ses baguettes, dans l'odeur du pain chaud qui me brûle les mains. C'est tout ce qui m'est venu à l'esprit, mais ça reflète bien mon sentiment. Je ne veux pas le voir pendant la cérémonie. Par respect pour Victor. Après, il ira la voir quand il voudra. Ça m'est égal.

Je sors de la boutique le cœur un peu plus léger, avec le sentiment d'avoir accompli mon devoir vis-à-vis de mon oncle. J'hésite un instant à aller faire un tour jusqu'à la maison aux volets jaunes, mais à quoi bon ? Je n'ai pas donné de nouvelles à Gwen depuis six mois. Elle n'a pas cherché à me joindre non plus. Si elle l'avait voulu, elle pouvait demander mon adresse à Albert.

Je me détourne, pensant avec amertume à ce connard de Laurent qui a dû bien ricaner après mon départ, en juillet. Gwen a dû en entendre des vertes et des pas mûres, avec l'emprisonnement de ma tante. Et j'imagine ce que sa mère lui a certainement fait promettre, au mépris des sentiments que sa fille pouvait ressentir pour moi. Ce n'est pas très difficile à comprendre.

Et maintenant qu'Hélène s'est pendue...

Je reviens à la ferme sans me presser, reculant le plus possible le moment où nous allons nous retrouver tous les trois, le moment où il va falloir que je prenne une décision.

Lorsque je stoppe finalement devant la porte de la cuisine, une autre voiture est garée dans la cour. Une grosse berline grise, du genre tapageur, qu'on ne peut pas ignorer. Je n'y connais rien en bagnoles, mais celle-ci doit valoir un paquet de fric, rien qu'avec le cuir qui a servi à capitonner les sièges. La carrosserie est pleine de lignes fluides qui invitent au rêve. Une angoisse sourde, irraisonnée, me broie brusquement les intestins.

Je me précipite, pousse la porte en la faisant cogner dans le mur, ce qui fait sursauter tout le monde. Un homme en costume, l'air hautain, me considère froidement, négligeant de me serrer la main.

— Mon fils, Franck Servin, croit utile de préciser ma mère. Nous sommes là pour l'enterrement de ma sœur.

Puis, plus bas, à mon attention :

— *C'est un notaire…*

— Un notaire ?

— Certainement, monsieur, dit l'homme en levant le menton d'un air fat. Maître Volgens, pour vous servir. Nous vous attendions, monsieur Servin. Si vous voulez bien me permettre, nous allons pouvoir commencer, à présent.

Silencieux quelques instants, le notaire pose sur chacun d'entre nous un regard d'aigle surveillant la plaine. Lorsqu'il est convaincu d'avoir mobilisé toute notre attention, il agrippe sa sacoche de cuir restée sur le carrelage de la cuisine et la pose d'un geste théâtral sur la table, avant de faire jouer la serrure dorée d'un geste sec. Il nous considère lentement, les uns après les autres, puis il sort une enveloppe de la sacoche, s'adressant à nous trois en même temps.

— Je sais pour quelle raison douloureuse vous êtes ici aujourd'hui. Je suis mandaté pour vous aider à prendre connaissance de certains documents. Madame Servin et vous, jeune homme, êtes les seuls héritiers de M. Victor et Mme Hélène Delerme. Comprenez bien que je suis ici au titre d'exécuteur testamentaire. Si je suis présent avec vous en ce moment, c'est qu'il s'agit de vous présenter une déclaration formelle de dernières volontés. Maintenant que vous êtes tous là, nous allons pouvoir procéder à l'ouverture de la lettre.

Ma mère l'observe, interdite.

— Hélène a laissé une lettre ? Un testament ?

Le notaire repousse ses lunettes sur son nez. Il affiche un embryon de sourire parfaitement méprisant.

— Non, madame. Je vous parle de M. Victor Delerme.

De Victor…

Je ne réalise pas tout de suite que la main du notaire s'est tendue vers moi, que l'enveloppe qu'il tient porte mon nom écrit au stylo-plume d'une belle écriture à l'anglaise.

Je tends des doigts fébriles et me saisis de la missive, dont le rabat est collé et scellé avec de la cire rouge et de la ficelle.

Je lève les yeux et ne peux m'empêcher de comparer les regards de ma mère et d'Albert à ceux de passants qui voient un inconnu tomber d'un pont et se demandent s'il sait nager.

Et s'il supportera l'eau glacée.

33

13 juillet 2011, 23 h 28

Plus de trente ans après, je me souviens encore du bruit de mon couteau pliant tranchant la ficelle qui refermait le pli cacheté. Un son de coupe nette, qui allait mettre un point final à mon adolescence, et me plonger dans un vide vertigineux.

J'ai introduit le bout de ma lame dans le haut du rabat et j'ai cisaillé le papier d'un geste nerveux. J'en ai extrait plusieurs feuilles d'écolier recouvertes d'une écriture fine et penchée que j'ai tout de suite reconnue.

On aurait entendu voler une mouche dans la cuisine.

La lettre m'était destinée. À moi seul. Elle était datée du 12 juin 1979, soit environ un mois avant la mort de Victor.

« Mon cher Franck,

Si tu lis cette lettre aujourd'hui, c'est que mon notaire, Me Volgens, a réussi à te retrouver, où que tu aies pu décider d'aller vivre à l'issue de cette lamentable tragédie. Il avait ordre de mettre tout en œuvre pour que tu sois présent à l'ouverture de mon testament. La seule condition que je lui avais imposée, c'est qu'il devait attendre la mort d'Hélène pour te remettre ce document. Je suppose que c'est maintenant chose faite. Je pense depuis bien longtemps qu'elle ne résistera pas à un séjour en prison et qu'elle trouvera un moyen d'échapper à son destin. Seule sa conscience lui dictera la conduite à tenir, mais je la connais si bien que je suis prêt à parier qu'elle se donnera la mort en moins d'un an. Elle ne pourra pas affronter une nouvelle fois la date anniversaire de la mort de notre fils. La culpabilité de la disparition de Paul l'a déjà à moitié détruite, la honte et le déshonneur feront le reste.

Je dois tout d'abord te demander de me pardonner pour ce que j'ai fait, car même si tu n'y es pour rien, je me suis servi de toi comme témoin passif sans jamais te donner la moindre chance de comprendre la tournure des événements que tu avais devant les yeux.

Je pense qu'à ce stade, tu as déjà compris que le vétérinaire Guy Hermier a tué Paul, près du lac. Pour t'y aider, pour te rentrer cette certitude dans le crâne, j'ai prévu de me débrouiller pour que tu voies tomber le carnet intime de mon fils de mon lit, quand tu viendras dans ma chambre, dans une période de crise. Tu es un bon garçon, fiston, mais tu n'as jamais su monter l'escalier en silence. Je poserai ce carnet en évidence sur le bord du matelas quand je saurai que tu es sur le point d'entrer. Il suffira que je bouge un peu pour qu'il tombe, et ta curiosité fera le reste.

Tu es intelligent, et il n'a sûrement pas fallu te faire un dessin pour que tu comprennes que Paul n'avait pas pu se tuer en tombant sur les rochers. Pas avec la mobylette à cet endroit-là, aussi loin de son corps. Il faut dire que j'étais très ému, quand j'ai découvert son cadavre au crâne enfoncé, sur la berge. Je n'ai pas bien fait attention à l'endroit où j'ai balancé son engin.

Parce que c'est moi qui ai maquillé le crime en accident, Franck. J'imagine la tête que tu dois faire en ce moment. Tes yeux doivent s'agrandir et tu dois avoir du mal à garder la bouche fermée. Mais il faut que tu comprennes que je ne savais pas qui lui avait mis la tête dans cet état-là. J'ai réagi un peu stupidement, je l'avoue. Je voulais trouver l'enfant de salaud qui avait fait ça à mon fils, Franck. Je ne voulais pas que la justice vienne y mettre son nez, qu'elle acquitte cet enfoiré, faute de preuves.
Je voulais le tuer de mes propres mains.
Alors, j'ai eu une idée. Une idée folle, j'en conviens, mais j'étais choqué, Franck. Complètement à côté de la plaque.
Le fait de maquiller le crime en accident ne pouvait surprendre qu'une seule personne, à part moi : *lui* !
Lorsque la gendarmerie a établi le constat et a déclaré que le décès de Paul était accidentel, j'ai pensé que l'assassin reviendrait faire un tour discrètement sur les lieux, pour essayer de comprendre pourquoi.
Avant qu'ils débarquent, j'ai pris soin d'effacer les traces de pneus dans l'herbe et sur les gravillons, en haut du talus. On voyait trop qu'une autre voiture que ma 2 CV avait dérapé à cet endroit-là, en redémarrant pied au plancher. Je prenais un risque que ça se voie, mais j'ai préféré qu'il ne reste aucune empreinte plutôt que de leur mettre la puce à l'oreille en laissant un indice aussi gros derrière moi.
J'ai d'abord accompagné mon fils à la morgue de l'hôpital, et j'ai appelé ta tante. Lorsqu'elle est arrivée avec Albert, effondrée dans ses bras, les infirmiers ont dû lui administrer un sédatif tant elle hurlait. Albert est resté avec elle tandis que je repartais avec

la voiture pour lui chercher de quoi passer la nuit à l'hôpital. Pris d'un doute, j'ai pris le temps de m'arrêter près du lac et de tracer une saignée dans la terre du talus. Le rapport des gendarmes était fait, ils ne reviendraient pas inspecter le coin de nouveau. Je savais qu'Hélène viendrait s'y recueillir. J'ai pensé que ce détail matérialiserait un peu plus l'accident à ses yeux.

J'ai ensuite passé la fin de l'après-midi à pleurer dans la chambre de Paul, à remuer des objets qui lui avaient appartenu, comme si je pouvais le ramener avec moi en les touchant. C'est en ouvrant un tiroir de son secrétaire que je suis tombé sur ce carnet, qui était coincé en dessous. Il gênait l'ouverture.

Je ne voyais pas très bien à cause des larmes, Franck. Il faut que tu comprennes ça. C'est à travers ces larmes que le ciel m'est tombé dessus. J'ai compris que Paul avait surpris sa mère dans la grange avec Hermier, et qu'il était mort le jour même.

Alors c'est là que je me suis dit : *Et si… et si c'était lui le coupable ?*

Le soir même, je me suis caché avec mon fusil de chasse dans le bois, juste à côté des rochers, et j'ai attendu. Il paraît que l'assassin revient toujours sur les lieux de son crime…

Quand j'ai vu arriver un véhicule au ralenti, j'ai compris que j'avais vu juste. Je connaissais cette voiture comme si c'était la mienne. J'ai aligné mon canon sur la tête de ce salopard. J'ai posé le doigt sur la queue de détente. J'avais mis de la balle à sangliers, dans le fusil, et je peux te dire que ça fait du ménage, ce truc-là. C'était un coup à lui retirer tout ce qui

dépassait du cou et à en faire de la purée de tomates bien mûres.
Mais il s'est arrêté à ce moment-là. Il a ouvert la portière de sa voiture et il est sorti à lumière de la lune. *Hermier.*
Je suis resté immobile, le cœur battant, incapable d'appuyer sur ce petit bout de métal qui aurait mis fin à sa vie, tandis qu'il marchait le long des rochers, cherchant à pénétrer l'obscurité avec une lampe de poche. Pendant tout ce temps, Franckie, pendant tout ce temps j'ai eu la crosse contre ma joue et les deux trous de calibre 12 fixés sur sa tête.
Mais je n'ai pas pu. Pourquoi l'ai-je épargné, ce soir-là ? J'ignore, aujourd'hui encore, ce qui m'a retenu. Ce n'est peut-être pas si facile, d'un seul coup, de se transformer froidement en assassin.
Au bout d'une éternité, il est remonté dans sa voiture et il est reparti après avoir fait demi-tour sur le chemin près duquel j'étais caché. L'aile droite de sa voiture est passée à moins de deux mètres de moi.
Mais je connaissais son identité, désormais. Je me suis juré, ce soir-là, de lui faire la peau d'une autre manière, en maquillant sa mort en accident, à lui aussi. J'en ai fait le serment à Paul, couché sur la terre à un jet de pierres de là où il avait péri. Je le lui ai juré sur ce que j'avais de plus précieux sur moi ce soir-là. Ma pipe. Comme si j'avais besoin de concrétiser cette promesse en abandonnant dans les bois un objet auquel je tenais.
Je l'ai enterrée précisément à l'endroit où j'étais allongé. Tu la trouveras si tu vas creuser un peu au pied du deuxième arbre, au bord du chemin. Elle n'a pas dû bouger depuis ce jour-là.

Peut-être aussi, déjà, l'idée de faire payer ta tante m'avait-elle effleuré l'esprit. »

Je me rappelle que j'ai levé les yeux de la lettre et que j'ai regardé ma mère avec des yeux effarés de hibou pris dans des phares.

— Quoi ? Qu'est-ce qu'il y a ? m'a-t-elle demandé d'une voix blanche.

Je n'ai pas répondu. J'ai essayé en vain de maîtriser les tremblements de mes mains, puis j'ai poursuivi ma lecture sans écouter ce qu'elle me disait.

« Il m'a fallu attendre un peu pour estimer que personne ne ferait d'autre rapprochement, entre les deux accidents, que le hasard qu'ils se produisent au même endroit. J'ai patienté trois mois avant d'avoir une bonne raison de faire venir Hermier à la ferme en pleine nuit. Mais ça a fini par se présenter.

Quelques jours avant, je suis allé cacher l'épave de la mobylette de Paul dans le bois. Je l'ai recouverte d'une bâche à bûches, de branches et de feuilles. Même en passant juste à côté, il était impossible de la voir si l'on ne savait pas qu'elle s'y trouvait.

Le soir où j'ai su que la vache allait vêler, j'ai débranché les fils du téléphone, sur la borne du sous-sol. J'ai ensuite pris la voiture pour filer Chez René. Là, j'ai appelé Hermier de la cabine du café, et je suis revenu en vitesse mettre mon plan à exécution.

Quand j'ai entendu son moteur rugir sur la route, j'ai enfilé le casque de Paul et je me suis mis debout à côté de la mobylette, que j'avais calée sur sa béquille au milieu de la chaussée, en plein centre du virage.

Quand j'ai vu sa voiture débouler devant moi, j'ai cru qu'il n'allait pas me voir à temps, que je m'étais installé trop à l'intérieur de la courbe. Mais en fait, il m'a aperçu au dernier moment. J'ai eu le temps de voir la terreur dans ses yeux avant qu'il ne donne un coup de volant pour m'éviter.

De la terreur, Franck. Et tu ne peux pas savoir le bien que ça m'a fait. Surtout quand j'ai entendu sa voiture se fracasser sur les mêmes rochers que ceux où il avait tué mon Paul.

Mais tu ne sais pas le meilleur de l'histoire, fiston. C'est que cette ordure n'était pas encore crevée, quand je suis descendu près du lac. Il avait une main qui sortait par la vitre brisée de sa portière. Il essayait d'appeler à l'aide. Ça faisait un drôle de bruit. Comme un gargouillis dans un tuyau que tu rebranches après l'hiver, tu vois ? Il avait la voix étranglée par un morceau du pare-brise qui lui avait coupé la gorge pratiquement en deux.

Je me suis assis dans l'herbe humide à côté de lui et je l'ai regardé mourir, Franck. Je n'ai ôté le casque de Paul qu'au tout dernier moment, pour qu'il sache que je l'avais bien baisé, moi aussi, et qu'il allait emporter mon sourire en enfer.

Pour l'incendie de la voiture, c'est arrivé après mon départ. L'essence a dû couler sur la batterie, ou quelque chose dans le genre. Dommage que je n'y aie pas pensé moi-même. J'aurais bien aimé le voir se tortiller avant que tout s'embrase. De toute façon, il était déjà mort, quand ça a brûlé. Pas de regrets, donc...

Cependant, ma vengeance n'était pas complète.

Et elle ne pourrait pas l'être tant que je ne me serais pas occupé d'Hélène. »

Je crois que c'est à cet instant que les morceaux qui le refusaient encore ont commencé à s'emboîter. Ce n'est pas venu en vrac, tout de suite, mais plutôt par bribes, comme de grands coups de pinceau projetant de la peinture criarde sur un mur où je ne voyais pas encore se profiler le dessein du peintre.

Pourtant, j'ai compris que je n'allais pas m'en sortir indemne, que j'allais m'engouffrer dans un tourbillon menant vers le plus noir de l'abîme de Victor.

« Il ne faut pas que tu m'en veuilles trop, Franck, parce que le rôle que tu as joué dans cette partie de l'histoire, tu ne l'as pas choisi. C'est moi qui t'ai téléguidé depuis le début et tu n'as rien à te reprocher. Ce testament tiendrait lieu de preuve devant la justice, si besoin était, si tu venais à être accusé injustement de complicité.

Parce que j'ai décidé de tuer ta tante Hélène dès que j'ai vu ses yeux, ce soir-là, quand elle a compris que le vétérinaire était mort sur la route en venant chez nous. Elle m'a regardé avec un visage décomposé, Franck. Mais pas de chagrin, pas de douleur, comme ce à quoi j'aurais pu m'attendre.

De culpabilité, fiston.

De culpabilité. Exactement. Et puisqu'elle n'était pas responsable de la mort d'Hermier – j'étais bien placé pour le savoir –, qu'est-ce qu'elle pouvait bien se reprocher d'autre qui aurait pu la mettre dans cet état, à ton avis ?

C'est là que j'ai compris qu'elle savait, pour Paul. Qu'elle savait, ou du moins qu'elle se doutait de ce qui était arrivé. Qu'elle savait *qui* avait tué notre fils et qu'elle n'en avait rien dit. Et là, devant moi, au fond de son regard angoissé, j'ai vu qu'elle avait compris que je savais, moi aussi. Que je les avais percés à jour. Et que j'avais fait payer à cet homme le meurtre de mon fils.

Que lui avait raconté cet enfant de salaud de Hermier ? Que lui avait-il promis, quel projet infect avaient-ils ourdi, tous les deux, pour qu'elle ait fermé les yeux sur la mort de son propre enfant ?

Je ne le saurai jamais, mon garçon. Et toi non plus. Car lorsque tu liras cette lettre, je serai dans ma tombe depuis longtemps et ta tante commencera son propre voyage vers l'au-delà.

Mais il faut d'abord que je t'explique comment je m'y suis pris… »

J'ai fermé les yeux un long moment, refusant de croire ce que j'étais en train de lire. Ma tante ? Au courant de l'identité de l'assassin de Paul et n'en ayant rien dit à qui que ce soit ?

Ce n'était pas possible. Même pas envisageable. Un non-sens total. Victor devait être devenu complètement fou.

Comment envisager un seul instant qu'elle ait pu se rendre complice de cette abomination ?

« Le plus difficile, ça a été de trouver une molécule qui ne soit pas facilement identifiable par les toubibs. Je savais qu'ils allaient pratiquer des analyses de sang dès les premiers malaises, alors j'ai décidé de reculer ce moment le plus tard possible. Je vais d'ailleurs me brouiller avec le docteur Jouve, qui est plutôt finaud. Transmets-lui mes plus sincères regrets, fiston. J'aime bien ce vieux chenapan, mais il est bien trop compétent. Il m'aurait mis des bâtons dans les roues et je ne pouvais pas prendre ce risque. Il aurait été capable de diagnostiquer l'empoisonnement avant que je parvienne à mes fins : c'est-à-dire faire porter à Hélène la responsabilité de ma propre mort.

Car c'est ça que je veux, fiston. Ce sera mon ultime vengeance, car je sais que rien ne viendra plaider en sa faveur lors de l'enquête. Je suis le seul propriétaire de la Renardière. Elle héritera de la totalité du domaine à ma mort. Elle a un autre amant, le boulanger du village, qui trinque avec moi parce qu'il ne peut pas agir autrement quand je vais boire un verre Chez René. Mais tu verrais sa tête, à ce pauvre type, quand il essaie de me regarder dans les yeux et qu'il n'y arrive pas ! Tout en lui crie qu'il me fait cocu, mais je dois t'avouer que je n'en ai plus rien à foutre, Franck. Je me dis que je vais peut-être lui sauver la vie, à celui-là, finalement…

Je vais t'expliquer comment je vais procéder à partir d'aujourd'hui. Je sais que tu vas bientôt venir chez nous pour préparer ton bac, et je suis prêt. Quand ta mère a appelé, ce soir, pour nous demander l'asile pour toi durant six semaines, j'ai compris que c'était l'occasion que j'attendais. Une occasion inespérée d'avoir un témoin à demeure, qui pourrait au besoin affirmer que mes malaises survenaient régulièrement après des disputes. Et surtout, surtout… que la dose mortelle d'aconit qui me sera fatale suivra la plus violente altercation à laquelle il t'aura été donné d'assister.

Il faut que ça tombe sous le sens, que le mobile soit éclatant, lumineux comme le soleil dans un ciel d'été. Pas un flic ne ratera ce truc-là, je te le garantis, fiston. Même le plus abruti d'entre eux. Je vais me lâcher comme il faut et lui administrer une raclée dont elle se souviendra… jusqu'à sa mort. Et le plus jouissif, c'est que ce sera la dernière image qui me suivra dans la tombe. Parce que cette nuit-là, je tirerai ma révérence, Franck.

Depuis la mort de Paul, je ne survis plus que pour cette idée qui m'empêche de dormir, de manger. Mais pas de boire, ça non. C'est le seul plaisir qui me reste. Et je sais qu'il ne me tuera pas !

La perte de mon fils a été l'épreuve la plus terrible de toute ma vie, fiston. Je te souhaite de ne jamais vivre ça. J'y ai perdu plus que sa vie. Je m'y suis perdu moi-même. Je n'ai plus le goût à rien, sinon à la vengeance. Je n'attends plus que cela désormais. Cette brûlure au cerveau ne me quitte pas. Je la garde en moi comme une plaie ouverte, comme un abcès purulent qui pourrit mon propre sang et qui ne guérira pas.

Je te dois encore quelques précisions. Pour obtenir de l'aconit, j'ai choisi la variété *Aconitum lycoctonum vulparia*. On l'appelle aussi tue-loup, dans les campagnes. C'est une plante spécifiquement originaire de montagne. On l'identifiera peut-être un peu moins facilement que l'aconit napel. Il y a deux ans, je suis allé passer quelques jours en Isère, pour participer à une réunion de fermiers. Un colloque sur les semences, je crois. Je n'y ai en fait jamais mis les pieds. J'ai poussé jusque dans les Alpes, en Savoie, et j'ai pris une chambre dans un petit hôtel aux portes du parc naturel de la Vanoise. Le lendemain matin, j'ai enfilé une paire de bonnes chaussures, mis un sac vide sur mon dos et je suis parti à la recherche de ma plante rare dans les petits chemins de randonnée à flanc de montagne.

Pas si rare que ça, d'ailleurs, parce que j'ai vite trouvé de quoi me faire mourir plusieurs fois. Elle est même plutôt florissante, en été, avec ses belles grappes jaune pâle. J'avais prévu de longues heures de marche et même un bivouac en refuge, pour me permettre d'explorer les sous-bois et les sentiers au-dessus de mille cinq cents mètres, mais cela n'a pas été nécessaire. Il m'a fallu à peine une demi-journée pour récolter ce dont j'avais besoin.
J'en ai ramené un plein sac, puis j'ai ramassé aussi un peu d'aconit napel pour la dernière prise, celle qui devait se voir immédiatement. Trois grammes dans le sang suffisent à tuer n'importe qui en moins d'une heure. Le plus difficile a été d'isoler le *principe mortel* de la plante. Après plusieurs essais infructueux sur des poules, j'ai essayé par distillation de la plante, et ça n'a pas trop mal marché. J'ai enrobé des cachets prescrits par le toubib – et dont je m'assurais que ta tante allait me les chercher elle-même –, dans la poudre obtenue après évaporation de mon mélange. Avec un peu de miel, ça ne se colle pas trop mal dessus. Deux poules sont mortes avec cette poudre mélangée à du grain. J'en ai conclu que j'avais le bon dosage. Un peu approximatif, mais efficace. J'ai juste gardé une réserve de ma distillation, au cas où j'en aurais encore besoin. Je ne pouvais pas retourner à la montagne sans éveiller quelques soupçons. Et ça, il en était hors de question. Mon plan ne devait comporter aucune faille.
Seulement, je ne suis pas un saint, tu l'as déjà remarqué, je pense, et je n'ai pas envie de souffrir plus que ça. J'ai donc prévu d'utiliser du Mirotenox, pour évacuer la douleur quand elle deviendra trop intolérable.

C'est un truc qu'on donne aux vaches, quand elles vont mettre bas. Tu en trouveras une boîte dans ma table de nuit, derrière le tiroir. J'en prendrai un cachet avant chaque prise d'aconit. Ça me permettra de suivre l'avancée de tes réflexions sans me tordre de douleur à chaque début de paralysie.

Je vais commencer avant que tu arrives, pour que personne n'ait jamais l'idée de te soupçonner de quoi que ce soit. Je ne veux pas t'incriminer plus avant dans cette lamentable histoire, tu auras bien assez à te reprocher de ne pas avoir réussi à démasquer un vieux briscard comme moi, qui t'a fait tourner en bourrique pendant ton séjour.

Je veux que tu saches que je pars sans regret, sinon celui de t'avoir utilisé de manière fort peu élégante. Je te jure que si j'avais pu procéder autrement, tout en étant sûr du résultat, je l'aurais fait sans hésiter. Mais le hasard a voulu que tu viennes chez nous pour préparer ton examen et l'occasion d'avoir un témoin à demeure ne se reproduira peut-être pas de sitôt.

C'est pour cette raison, fiston, pour me faire un peu pardonner de t'avoir trahi, et parce que tu es la dernière vraie famille qui me reste, que je te fais mon seul et unique légataire universel. Je ne pense pas qu'Hélène puisse avoir l'opportunité, du fond de son cercueil, de modifier en rien mes dernières volontés. La ferme de la Renardière t'appartient de plein droit, désormais.

Je te fais confiance, je sais que tu en feras bon usage.

Ton oncle qui t'aime.

Victor. »

Lorsque j'ai baissé les bras, j'entendais encore la voix de mon oncle se répercuter à l'infini dans mon cerveau. L'air a pris soudain une teinte trouble, couleur de rouille, déformant les visages inquiets braqués sur moi. Des lucioles blanches se sont mises à danser devant mes yeux dans un bourdonnement assourdissant.

J'ai voulu parler, mais aucun son n'a franchi mes lèvres sèches. Ma langue était soudée à mon palais, m'empêchant de prononcer le moindre mot.

J'ai laissé glisser les feuilles sur le sol et je me suis pris la tête dans les mains en reculant, tel un homme ivre. Le notaire n'a eu que le temps de me soutenir avant que je m'écroule sur le carrelage.

Épilogue

13 juillet 2011, 23 h 52

Je n'ai jamais pu vendre la Renardière. Je me suis débrouillé pour mettre les terres en fermage quand Albert a pris sa retraite, en août 1980. Tom l'a suivi. Il a fini sa vie près du fauteuil de son maître, dans une petite maison où une infirmière passait de temps en temps prodiguer des soins au vieil homme, jusqu'au jour où elle l'a découvert mort devant sa cheminée éteinte, raidi par le froid, un matin de janvier 1998.

Un infarctus. Le truc imprévisible qui ne vous laisse aucune chance, encore moins lorsque vous avez du mal à vous souvenir de l'endroit où se trouve le téléphone. Albert est parti sans souffrir, m'a-t-on dit. Tom avait déjà quitté ce monde depuis plusieurs années. Albert vivait seul, remuant ses souvenirs dans sa vieille tête, où des pans entiers de sa vie disparaissaient au fur et à mesure qu'il s'avançait vers la sénilité à l'horizon de son Alzheimer.

Ma mère a trouvé un autre homme avec qui commencer une nouvelle vie. Nous nous sommes éloignés, car j'ai instinctivement rejeté ce type qui venait prendre la place de mon père dans l'équation familiale. Je ne voulais rien lui concéder, rien lui devoir.

Chacun son monde, chacun ses colères, chacun ses intérêts. C'est ce qu'aurait pu dire Victor…

Je n'avais pas demandé que cet étranger mette les pieds dans ma vie. Il n'était pas question qu'il ait le moindre mot à dire sur la gestion de la Renardière. Je l'ai jeté dès la première fois où il a essayé de s'immiscer dans mes affaires. Les choses ont été mises au clair. Devant mon air déterminé, il a compris qu'il n'avait pas à se mêler de ce qui ne le regardait pas. Nos chemins devaient se séparer, et c'est ce qui s'est produit dès qu'il a emménagé avec ma mère.

J'ai quitté leur appartement pour un autre, plus grand, en banlieue, et je me suis peu à peu laissé aspirer, impuissant, dans une spirale d'ennui et de dépression. Je ne trouvais aucun appétit à combler, aucun besoin à assouvir. Rien. Le vide.

Aujourd'hui, je sais que j'ai commis une lourde erreur en lâchant prise, en oubliant que le bateau recule quand on cesse de ramer pour contempler le paysage, que l'énergie s'émousse à force de ne pas être utilisée.

Quelques années plus tard, j'ai essayé de recontacter Gwenaëlle, mais sa mère m'a dit qu'elle avait déménagé. Je ne sais pas si c'était vrai. Elle n'a pas voulu me donner son numéro. Elle m'a dit qu'elle s'était mariée, qu'elle avait des enfants. Quelque chose dans sa voix sonnait faux, comme si elle voulait absolument me convaincre tout en désirant raccrocher le téléphone au plus vite. Je me suis senti sale, contagieux, inquiétant, presque obscène, avec cette odeur de mort qui me collait à la peau.

Les rencontres que j'ai faites par la suite ne m'ont apporté que de courtes périodes de répit. Chaque femme qui s'est arrêtée un instant sur mon chemin a fui au bout de quelques semaines sans que je puisse la retenir, me livrant de nouveau au vertige de la glissade vers le néant.

Alors, un soir, dans un bar, j'ai pris un verre. Juste un, pour me sentir moins seul, moins piteux, moins transparent. Je l'ai avalé avec le sentiment de commettre un crime irréparable, un péché inexpiable. Avec la certitude chevillée au corps de me renier moi-même.

Et puis un jour, j'en ai bu un second. Puis, plus tard, un troisième… Les jours vides se sont succédé, les soirées solitaires aussi. J'ai commencé à aligner des cuites, de plus en plus fréquemment. Un soir où j'avais avalé plus d'alcool que de coutume, je me suis battu comme un forcené dans un bar avec un type qui m'avait regardé de travers. J'ai cogné jusqu'à finir allongé dans la poussière, devant le comptoir, à plat ventre dans les mégots, un genou dans le creux du dos, crachant mon sang par le nez en suppliant l'autre d'arrêter de me tordre le poignet. Je crois qu'il m'aurait cassé le bras, si j'avais résisté davantage. Je suis rentré vexé et furieux chez moi et j'ai pensé que c'était une chance que je vive seul. S'il y avait eu quelqu'un à la maison, j'aurais été fichu de lui mettre une raclée, juste pour ressentir le plaisir d'être de nouveau le plus fort, le plus teigneux.

C'est ce jour-là que j'ai compris que j'étais devenu comme mon père…

Les semaines, les mois ont passé, et des valises ont commencé à apparaître sous mes yeux, mon nez a pris lentement la forme d'une patate en se ridant de veinules rouges et mon teint a viré à l'ocre piqué de vermillon.

J'ai fini par jeter tous les miroirs de l'appartement. Je ne pouvais plus voir mon reflet dans une glace sans y discerner le regard conquérant de mon père, le grand Michaël Servin.

Je n'ai pas remis les pieds à la ferme pendant trente longues années. C'était au-dessus de mes forces. Le souvenir de la trahison de mon oncle y était trop cuisant, trop toxique pour ma mémoire.

Et pourtant, au début de ce mois de juillet 2011, lorsque j'ai reçu mes derniers examens, ceux qui m'ont révélé que je n'étais pas atteint d'une cirrhose, mais d'un carcinome hépatocellulaire, en d'autres termes d'un putain de cancer enraciné jusqu'au plus profond du foie, j'ai ressenti le besoin de descendre dans la Creuse, de revenir sur les lieux de cette tragédie qui a anéanti une partie de ma famille et qui a eu raison de mes dernières illusions de jeunesse. J'ai eu envie de tordre le cou à cette lèpre qui me ronge l'esprit depuis trois décennies, dans une sorte de célébration macabre de parodie d'anniversaire, avant de mettre définitivement la clé sous le paillasson. Parce qu'un cancer du foie, quand on le détecte, il est déjà trop tard, dans la majorité des cas.

Victor est mort le 9 juillet 1979, presque dans mes bras. Il a omis de me dire une seule chose. Il ne l'a pas écrite, non plus. Depuis le jour où j'ai lu sa lettre-testament, ici même, devant ma mère qui trépignait d'impatience en attendant que j'achève d'en prendre connaissance, je n'avais plus repensé à ce détail. Comme si, en l'occultant complètement, je m'imaginais pouvoir évacuer la réalité de la tragédie que je venais de traverser. J'ai dû faire un déni, un verrouillage total qui m'a empêché d'ouvrir les yeux et d'affronter ce qui ne demandait qu'à les crever depuis un long moment déjà.

Dans cette lettre, Victor m'a appris qu'il avait utilisé les principes mortels de deux aconits différents pour mettre fin à ses jours. Il m'a longuement expliqué la façon dont il avait obtenu la poudre dans laquelle il avait enrobé les vrais comprimés prescrits par le médecin, avant de les replacer dans les tubes d'origine.

Seulement, il m'a aussi indiqué qu'il avait isolé ces alcaloïdes par distillation et qu'il en avait conservé un peu, au cas où…

Au cas où quoi ? Au cas où ça ne fonctionnerait pas bien ? Où il aurait besoin d'une bonne dose qui serait définitive ? Comme le soir de sa mort ?

Et où ?

Dissimulé dans quoi ?

Il y a quelques jours, je me suis enfin posé cette question, alors que, si j'en avais seulement eu l'idée en 1979, ma tante n'aurait jamais connu la prison. La réponse était si simple...

La vie a parfois un humour féroce qui nous rend à notre triste condition de mortel, de simple pion sur un échiquier divin dont les règles du jeu nous dépassent. Il aura fallu que je sache que j'allais mourir de ce cancer pour qu'enfin la vérité s'impose à moi comme une évidence.

La douleur vient de surgir, souveraine. Les crampes me montent dans les poumons, sous la peau, araignées géantes qui me griffent mes nerfs de leurs mandibules affûtées comme des lames de rasoir. Mes bronches me brûlent. Cette saloperie qui se ramifie sans fin est en train de me transformer en coquille vide. Je ne suis plus que le fantôme de l'homme que j'étais il a quelques semaines encore.

J'ai aperçu mon reflet dans la vitre, en arrivant ce midi. Je ne me suis pas reconnu. Il y a tellement longtemps que je n'ai pas posé les yeux sur mon propre visage que ma maigreur m'a frappé. J'ai pris la bonne décision. C'est ce que j'avais de mieux à faire.

Il faut en finir.

J'attrape la boîte de Mirotenox, que j'ai soigneusement conservée depuis toutes ces années, et j'avale deux comprimés d'un coup avec un peu d'eau. Avec cette dose, je ne ressentirai plus aucune souffrance lorsque l'aconit achèvera son travail.

La bouteille de pastis de Victor est devant moi, au centre de la table de la cuisine. Elle n'a pas bougé de sous l'évier depuis le 8 juillet 1979, le soir où je l'ai moi-même rangée après avoir débarrassé la table, le soir où mon oncle s'est donné la mort en buvant quatre verres de sa mixture mortelle.

Je pense un instant que son mélange devait manquer de puissance, pour que son décès n'arrive qu'au matin. Le poison aurait dû avoir raison de lui bien avant, s'il avait été suffisamment concentré. Mais son organisme avait peut-être commencé à le supporter un peu mieux, au bout de quelques semaines, à force d'en avaler.

Et en fin de compte, il s'est révélé plutôt efficace. Il fera l'affaire.

J'ai encore la force de me servir un verre. Un dernier verre. Je regarde le liquide ambré, à la lumière de l'ampoule nue de la cuisine. La voix de Victor me revient, aussi nette que s'il venait de prononcer les mots devant moi.

« …L'alcool conserve. Il conserve même très bien… Toi aussi, Franckie. Souviens-toi de ça ! »

Albert ne buvait jamais autre chose que du cidre, Hélène détestait l'anis. Et moi, je ne buvais pas une goutte d'alcool.

Victor était sûr que jamais personne ne toucherait à cette bouteille. Qu'il serait le seul à ingérer régulièrement son poison, au nez et à la barbe de tout le monde. Il s'est empoisonné avec ses propres apéritifs, en trinquant avec moi, à mon avenir. Je sais que cinq milligrammes sont plus qu'il n'en faut pour tuer un homme. Victor avait suffisamment concentré sa préparation dans le pastis pour pouvoir déterminer où et quand il allait mettre son sinistre projet à exécution. Il avait juste à mettre de l'eau dedans pour le diluer comme il le voulait. Il ne s'est pas trompé de beaucoup…

J'avale le pastis sans ressentir d'autre goût que celui de l'anis. C'est peut-être aussi parce que je n'ai pas rajouté d'eau.

Ce ne sera plus long, maintenant.

Au loin, du côté de Valloise, j'entends le feu d'artifice qui éclate dans le ciel nocturne au-dessus du village. Les gens doivent se réjouir, danser, faire la fête. C'est la liesse nationale. Ils ont oublié « l'affaire Delerme », l'histoire de l'empoisonneuse de la Renardière, innocentée trop tard par la confession de sa victime pour la sauver de la prison et de la folie.

Ils ne vont pas tarder à en entendre parler de nouveau. « La ferme de la mort » va faire les gros titres des journaux pour la dernière fois.

Moi, je n'attends plus rien de la vie, plus rien des autres, plus rien de moi-même. J'ai atteint la limite de mes forces, de mon découragement. Je n'ai plus personne à aimer, plus personne à détester.

Même pas moi.

Ils feront une drôle de tête, ceux qui trouveront ce qui restera de mon corps, dans quelques jours, un mois, dix ans… Si les rats en laissent quelque chose. Pauvres bêtes, qui iront ensuite crever dans leurs trous, agonisant d'étouffement, comme moi aujourd'hui. Le poison se transmettra à leur organisme, continuant son œuvre destructrice au-delà de mon propre cadavre.

On parlera de la Renardière comme de la ferme maudite, du domaine où règnent en maîtres la mort et le malheur.

C'est assez juste, après tout. Deux meurtres et trois suicides suffisent à rendre un endroit infréquentable pendant des générations.

Mes poumons se bloquent. Le peu d'air que je parviens à inhaler ne me permet plus d'alimenter suffisamment mon sang en oxygène. Je ne verrai bientôt plus le papier, plus mon stylo, plus mes mains.

Je n'ai pas peur. Je suis prêt.

Alors, je vais arrêter là et renverser par terre ce qui reste de poison pour être certain, cette fois, que je serai la dernière victime du principe mortel de l'aconit tue-loup de Victor.

Vous qui lirez ce témoignage, prenez-le sous votre bras et fuyez cet endroit.

Ne vous retournez pas. Ne regardez pas en arrière. Même l'air que vous y respirez est maudit.

Partez vite.

Partez, avant qu'il ne soit trop tard…

REMERCIEMENTS

J'adresse en premier lieu mes plus sincères remerciements à tous les lecteurs qui m'encouragent en prenant le temps de m'écrire ; c'est un plaisir et un honneur sans cesse renouvelés.

Je ne pourrais pas travailler sans la compréhension de ma femme Nathalie, ni sans sa patience face aux longues heures que je passe devant l'écran de mon ordinateur.

Je ne remercierai jamais assez mon amie Christine Valette pour ses corrections acharnées depuis le début de cette aventure. Elle est l'ange gardien de la cohérence judiciaire de tous mes récits.

Un énorme merci à Andrea H. Japp, Chrystine Brouillet et Franck Thilliez, qui m'ont appuyé sans réserve lors de mes premiers pas dans le noir. Leur aide immense et généreuse m'a donné confiance dans mes écrits et m'a incité à aller de l'avant depuis bientôt huit ans.

Un gros battement de cœur pour Patricia MacDonald qui a accepté de lire la première version de *Principes mortels* en français et lui a offert un si incroyable soutien !

Appel de phare à tous mes amis auteurs du Noir qui montrent à chacune de nos rencontres que le monde du polar n'est pas un panier de crabes, mais une grande famille où il fait bon vivre.

Sans les libraires, les bibliothécaires, les organisateurs de salons et les blogueurs, mes livres n'auraient jamais pu aller aussi loin. Merci à tous pour votre complicité !

Ce roman est né de souvenirs d'enfance, vécus dans la Creuse depuis aussi loin que ma mémoire puisse porter.

Mon père y avait été recueilli pendant la guerre ; des amitiés s'étaient nouées au cœur du conflit.

J'ai parcouru au cul des vaches les chemins creux de cette magnifique région sauvage lorsque j'étais adolescent. J'en ai gardé profondément enfouis en moi le goût et la texture du lait tiède sur la langue, l'odeur des étables, des fougères, des champignons, les nez frémissants des lapins et la fraîcheur de la brume matinale dans les vallons.

L'isolement de la ferme que je connaissais se prêtait bien au décor dont j'avais besoin pour cette histoire.

Mon frère Pierre aime cet endroit autant que moi.

Ce livre lui est dédié.

Bibliographie

L’encyclopédie en ligne Wikipédia, pour tous les articles sur l’aconitine, l’aconit napel et l’aconit tue-loup.

Le site Internet de la SOMEDNAT, pour tout ce qui concerne la partie médicale et technique de l’empoisonnement à l’aconitine, notamment un article du 9 avril 2009 de Mme Isabelle Guery-Kaliszczak.

À DÉCOUVRIR EN POCHE CHEZ BRAGELONNE

SOLÈNE BAKOWSKI
UN SAC

En pleine nuit, une jeune femme attend face au Panthéon, un sac dans les bras qu'elle serre comme un étau. Cette femme, c'est Anna-Marie Caravelle, l'Affreuse Rouquine, la marginale. Lorsque, vingt-quatre ans plus tôt, Monique Bonneuil a pris en charge son éducation à l'insu du reste du monde, elle n'imaginait pas qu'elle abritait un monstre. Car la petite s'est mise à tuer. Un peu, d'abord, puis beaucoup.
Voici l'histoire d'Anna-Marie Caravelle. Que fait-elle là, agenouillée en plein Paris, au milieu de la nuit ? Et que contient ce sac qui semble avoir tant d'importance ?

« Un roman sombre sur le destin sanglant d'une jeune fille à la dérive. »
Direct Matin

SOLÈNE BAKOWSKI
UNE BONNE INTENTION

Mati a neuf ans. Elle a perdu sa maman. Son père s'enlise dans le deuil et sa grand-mère s'efforce, à sa manière, de recoller les morceaux. Un soir, la petite ne rentre pas de l'école. On imagine le pire, évidemment. Et le pire se produit. Comment croire que tout, pourtant, partait d'une bonne intention ?
Une bonne intention est un roman sur les apparences et sur la différence. Un roman sur un amour pur, fou, inconditionnel, confronté à la bêtise humaine.

« Solène Bakowski écrit des romans d'une humanité folle et qui ne vous mentent pas. »
Michaël Mathieu - Librairie de Paris

À DÉCOUVRIR EN POCHE CHEZ BRAGELONNE

JOHANA GUSTAWSSON
BLOCK 46

UNE ENQUÊTE D'EMILY ROY ET ALEXIS CASTELLS

Profileuse de renom à Londres, Emily Roy enquête sur une série de meurtres d'enfants. Les corps présentent les mêmes mutilations qu'un cadavre de femme retrouvé en Suède. Étrange *serial killer*, qui change de lieu de chasse et de type de proie…

En Suède, Emily retrouve Alexis Castells, une écrivaine spécialisée dans les tueurs en série. Les deux femmes se lancent dans une traque qui va les conduire jusqu'aux atrocités du camp de Buchenwald, en 1944.

«*Block 46* est d'une efficacité redoutable.»
Nicolas Lefort – «Télématin» sur *France 2*

«Un duo inoubliable, une mécanique implacable, un final époustouflant.»
The Times

JOHANA GUSTAWSSON
MÖR

UNE ENQUÊTE D'EMILY ROY ET ALEXIS CASTELLS

En Suède, sur les rives d'un lac, un tueur abandonne un corps dépecé, les seins, les cuisses et les fesses amputés. À Londres, une femme disparaît. Ses chaussures sont déposées devant chez elle, dans un sachet zippé.
Ces deux crimes portent la signature de Richard Hemfield, un *serial killer* enfermé depuis dix ans, à perpétuité. Comment expliquer qu'ils recommencent ?
Pour remonter aux racines du mal, la profileuse Emily Roy et l'écrivaine Alexis Castells doivent affronter leur propre passé.

«L'écriture de Gustawsson est si vivante qu'elle en est électrisante. Absolument fascinant.»
Peter James

@BragelonneFR

À DÉCOUVRIR EN POCHE CHEZ BRAGELONNE

RICHARD LAYMON
LE JEU

Jane Kerry est bibliothécaire et mène une vie bien rangée. Jusqu'au jour où elle trouve une enveloppe à son nom, contenant un billet de 50 dollars et une énigme… qui la mène à une deuxième enveloppe, une deuxième énigme et un billet de 100 dollars. C'est tentant… Qui est le mystérieux « Maître du Jeu » qui signe ces énigmes ? Il exige d'elle de plus en plus de courage et d'ingéniosité, et l'entraîne à commettre des actes fous, immoraux… et toujours plus dangereux. Happée dans un engrenage infernal, Jane doit jouer le jeu jusqu'au bout…

« Si vous n'avez jamais lu Richard Laymon, vous avez raté une bonne occasion de vous faire plaisir. »
Stephen King

LAURENT MALOT
L'ABBAYE BLANCHE
UNE ENQUÊTE DE MATHIEU GANGE

À Nantua, dans le Jura, Mathieu Gange s'occupe seul de sa fille de six ans depuis que sa femme, Gaëlle, a disparu sans donner d'explication. Flic intègre, il enquête sur deux crimes survenus coup sur coup, quand un cadavre mutilé est retrouvé dans la forêt. Helena Medj, une journaliste indépendante, soupçonne l'Abbaye blanche, une secte récemment installée dans la montagne. Lorsque son supérieur est laissé pour mort, Gange comprend que, de chasseur, il est devenu proie. Mais il ne peut pas renoncer. La disparition de Gaëlle est peut-être liée…

« Un polar réussi, une intrigue captivante, un auteur à suivre ! »
L'ivresse du noir

@BragelonneFR

À DÉCOUVRIR EN POCHE CHEZ BRAGELONNE

BOYD MORRISON
L'ARCHE
UNE AVENTURE DE TYLER LOCKE

La brillante archéologue Dilara Kenner mène des fouilles au Pérou lorsqu'elle reçoit des informations cruciales sur la disparition de son père, qui a consacré sa vie à chercher l'arche de Noé. Aux côtés de Tyler Locke, ingénieur de l'armée, elle n'a que sept jours, de Los Angeles à Terre-Neuve, pour retrouver l'arche sacrée.

Amateurs d'Indiana Jones et de thrillers ésotériques à la Dan Brown, ce roman d'aventures est fait pour vous.

« Un thriller percutant, incroyablement réaliste et mené à un train d'enfer. »
James Rollins

BOYD MORRISON
LE CODE MIDAS
UNE AVENTURE DE TYLER LOCKE

Désamorcer une bombe cachée sur un ferry bondé: tel est le test diabolique auquel Tyler Locke doit se soumettre s'il veut revoir son père, qui vient d'être kidnappé. Mais l'épreuve ne s'arrête pas là, et Tyler doit se lancer dans une quête improbable: retrouver le trésor du roi Midas. Il ne dispose que d'un seul indice, un manuscrit crypté attribué au grand Archimède. Aux côtés de la linguiste Stacy Benedict, il a moins de cinq jours pour résoudre une énigme vieille de deux mille ans…

« Boyd Morrison transforme tout ce qu'il touche en or. »
Chris Kuzneski

À DÉCOUVRIR EN POCHE CHEZ BRAGELONNE

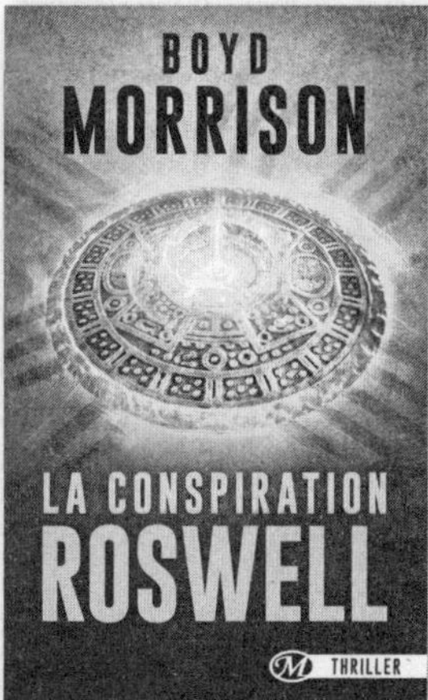

BOYD MORRISON
LA CONSPIRATION ROSWELL
UNE AVENTURE DE TYLER LOCKE

Une organisation terroriste est sur le point d'achever la fabrication de l'arme électromagnétique la plus puissante de tous les temps. Pour la faire fonctionner, elle doit s'emparer d'un mystérieux composant retrouvé à Roswell, aux États-Unis, peu après le crash en plein désert d'un objet volant non identifié. Ce composant, une vieille femme prétend le posséder. En acceptant de la rencontrer, Tyler était loin de se douter qu'il serait précipité dans une des plus grandes affaires d'espionnage du siècle. Ni qu'il ferait face à une des plus sérieuses menaces qu'ait connu l'humanité !

« J'en ai le souffle coupé ! »
James Rollins

BOYD MORRISON
L'HÉRITAGE DU LOCH NESS
UNE AVENTURE DE TYLER LOCKE

Tyler Locke et son équipe ont pu déjouer un attentat lors d'un banquet officiel au premier étage de la tour Eiffel. Mais les terroristes ne comptent pas en rester là : ils ont commencé à répandre un poison redoutable qui accélère le vieillissement. De Paris à Seattle en passant par Israël et les pays arabes, Locke tente d'enrayer une pandémie qui menace de précipiter l'humanité dans une troisième guerre mondiale. Le salut est peut-être tapi au fond d'un loch écossais…

« Une pure montée d'adrénaline ! Si vous aimez Dan Brown et James Rollins, vous adorerez Boyd Morrison. »
Allison Brennan

@BragelonneFR

Achevé d'imprimer en avril 2018
Par CPI France
N° d'impression : 3028391
Dépôt légal : mai 2018
Imprimé en France
2810295-1